Reihe: Neue Philosophie

Band 6: Jürgen Große: Philosophendämmerung – Aufsätze, Anekdoten, Aphorismen

edition fatal

Jürgen Große

Philosophendämmerung

Aufsätze, Anekdoten, Aphorismen

edition fatal

»edition fatal« Verlagsgesellschaft bR, München
Gesellschafter: Mario R. M. Beilhack, Anil K. Jain
www.edition-fatal.de, kontakt@edition-fatal.de

Reihe: Neue Philosophie, Band 6
Herausgeber: Mario R. M. Beilhack

Jürgen Große: Philosophendämmerung – Aufsätze, Anekdoten, Aphorismen

Originalausgabe, München 2014

Titelbild:
Der Schreibstuhl J. W. L. Gleims (Bildvorlage: Gleimhaus Halberstadt)

Bibliografische Information der Deutschen Nationalbibliothek:

Die Deutsche Nationalbibliothek verzeichnet diese Publikation in der Deutschen Nationalbibliografie. Detaillierte bibliografische Daten sind im Internet über die Seite http://dnb.d-nb.de abrufbar.

ISBN 978-3-935147-28-6

Herstellung: Books on Demand GmbH

Inhaltsverzeichnis

Inhaltsverzeichnis

I. Aufsätze

»Wie kann man Philosoph sein? Wie kann man die Stirn haben,
sich an die Zeit, an die Schönheit, an Gott heranzuwagen und an alles Übrige?
Der Geist bläst sich auf, und schamlos hüpft er in die Höhe.
Metaphysik, Poesie – Aufdringlichkeit einer Laus ...«

E. M. Cioran, *Syllogismen der Bitterkeit*

Am Schreibtisch

Unmöglich, sich einen Philosophen vorzustellen, der nicht schreibt ... unvorstellbar ein Philosophieren ohne Unterlage. Der Philosoph, wenigstens in neueren Jahrhunderten, verlangt, ehe er philosophiert, nach der gesicherten Basis, die, gerade weil sein Philosophieren autark, autonom oder gar autopoietisch sein soll, aus ganz anderem bestehen muss als aus Philosophieförmigem: er verlangt nach der berühmten ›materiellen Basis‹. Ihr handfestes Abbild ist die Tischplatte, der ungedüngt fruchtbringende Boden des Gedankenanbaus und der Gedankenbauten. In einer ansonsten restlos planierten Welt erweist sich der Philosoph so als der bautüchtige, ja konstruktive Geist schlechthin. Ein solcher hat ein klares Bewusstsein von den Möglichkeitsbedingungen seines Tuns. Das heftig gefühlte Bedürfnis nach reinem Tisch und fester Basis, einer tabula rasa planaque, bildet den stolz gefühlten Unterschied des Modernen gegenüber mythisch-archaischen sowie scholastisch-theologischen Geistern. Diese entwickelten ja ihre Gedanken entweder an einem Ort, der danach zu verlangen – zu rufen! – schien, oder an einem Nicht-Ort, als Platzhalter einer Leere, die ein reichgefüllter Himmel für die menschliche Bewährung reservierte. Die Unterlage, auf der hier je gebaut wurde, war entweder nicht plan oder nicht irdisch-solid, sie war natur- oder gottgegeben.
Die Schreibtischtäterei hingegen bekräftigt das Methodische, Künstliche des Bauens. Mag es auch sonst uneben zugehen in der Welt – hier gehe alles glatt! Die Glätte der konstruktiven Unterlage – sogar eine Voraussetzung der Rekonstruktion vorgefundener Unebenheiten. Denn der Philosoph erträgt nur selbstgefertigte, das heißt begreifbare, weil: konstruierte Differenzen; das wird offensichtlich in den kleinen Kunst-Landschaften, die auf seinem Schreibtisch emporwachsen. Die hölzerne Ebene, von der aus alles entsteht, zu der man aber auch immer wieder zurückkehren kann: vollkommener Ersatz der Arche wie des Archetypischen, der Schöpfergewalt wie eines Schöpferplans. Unbemessene, endlose Produktion auf bemessener Grundlage! Eine geistige Bewegung, die von einer geglätteten, materiellen Unterlage ausgeht – das ist ein Bild für das Bedingungsgefüge philosophischer Schriftstellerei, für ihre Möglichkeit. Was aber bildet ihre Wirklichkeit, die causa efficiens ihres Seins? Das Schreibtischtun ist Produktion gewordenes Denken. Um es genauer zu bestimmen, sind Seitenblicke auf seine unproduktiven Formen nötig: *Im Liegen zu denken* heißt, sich in ganzer Person zum Austragungsort eines Gedanken-Geschehens zu machen; das Denken wird ebenso zum Gelage wie das Essen – der Orient ist nicht weit. Hier ist der Geist ein Ort,

zu dem *alles* Zutritt hat; das Geistesgeschehen ist verwandet dem Dösen oder Träumen. Es ist der Alptraum für abendländische Angriffslust, die ja einen Gedanken produzieren, voran- und zum Ende treiben, eben: durchdenken will; sie kennt diese unterschiedslose Offenheit des Geistes für mehr als Gedanken lediglich als Schlaflosigkeit, als quälendes Leerlaufen der Produktionskraft aus ungefragt sich einstellendem, schon vielfach vorgeformtem Stoff. *Wandelnd*, auf planierter Fläche *zu meditieren*, auf Marktplatz, Forum, vielleicht auch in Gärten und zwischen Säulen – dies zeigt einen Räsoneur, einen Denker zwar schon als Akteur, aber doch immer noch im Umgang; Unschuldsepoche des Okzidents, Überreichtum befreiten Geplauders (ausführlicher dazu siehe *Sitz und Stimme*).

Beiden Formen fehlt das Angriffslustige, die Mangel-Verkündung, womit professionelle Philosophie die Welt als – geistig – insuffizient beklagt, daher zu füllen mit *Werken*, gemacht aus *Ideen*. Diese Wut, zu schaffen, zu machen, her- und hin- und hineinzustellen: Verminderung der Dimensionen von Wirklichkeit, Folge einer durch Reduktion verstärkten Bewegung. Das beginnt mit einer Einschränkung, dann der Vermeidung menschlichen Umgangs. Einschlägig hierfür sind die langen Spaziergänge des Gedankenbeflissenen, das manische Niederkritzeln des von draußen Mitgebrachten. Irgendwann bleibt der Furor, aus sich selbst Gedanken zu gewinnen, schließlich ganz zu Hause, auf dem Schreibstuhl, am Schreibtisch.

Betrachten wir den Sitztäter, den Philosophen der Neuzeit näher: ein starrer, leicht verkrümmter Reiter, der ein fest umrissenes Kampffeld überschaut. Insbesondere die angriffsbereite, fast raubtierhafte Krümmung über die Tischplatte muss aufmerken lassen. Man hat, freilich selten genug, auch andere Tische, andere Stühle gesehen – etwa J. W. L. Gleims Brustlehnstuhl (in Halberstadt), der das Körperinnere von aller geistigen Angriffswut durch sinnvolle Stützung befreite, eine ganz andere Geistigkeit entband; anakreontisches Getändel in Gedichten und Briefen an Freunde, vieltausendfach. Das floss unaufhörlich und doch ohne Anspannung dahin, ohne Ehrgeiz und Eigensinn, unschuldig. Der Versuch hingegen, sich im Sitz- und Schreibgestühl selbst Haltung zu geben, ist selbstverschuldete Einschränkung körperlich-geistiger Agilität, was die Person zu einseitiger, dafür um so maßloserer Bewegtheit treibt: das entfesselte Hin und Her der Hand. In ihrer professionstypischen Steife nimmt besagter Wahn, konstruktiv sein zu sollen, sich etwas *ausdenken*, herstellen, das heißt niederlegen und auftürmen zu müssen, arthritische Festigkeit an. Als unbewegter Beweger der Gedanken verwächst der Philosoph zuletzt mit seinem Schreibtisch und vergeht an ihm.

In Sorgen

Im Unterschied zum gewöhnlichen, also unwillkürlichen und gelegentlichen Denken ist das Philosophieren nicht nur irgendeiner Sache, sondern zudem seiner eigenen Basis zugewandt; Philosoph sein heißt sich sorgen, ob man es auch bleiben dürfe. Transzendentale Apperzeption der Professionalität! Daher gehört zum professionellen Philosophieren ein durchgehendes, ein Grundgeräusch, wie man es vom gewöhnlichen Denken nicht kennt. Der Philosoph klappert, fast unhörbar zwar, mit den Zähnen: ihn schüttelt die Furcht, dass ihm die Grundlage seines Tuns entzogen werde. Dieses Zittern und Zähneklappern kann so stark sein, dass es jeden weiteren Gedanken verhindert; dennoch wäre ein derart ausschließlich um sein Philosophierenkönnen besorgter Philosoph doch nicht weniger eben dies, Philosoph. Philosoph sein heißt, zum eigenen Denken stets schon ein Verhältnis zu haben, so wie andere Handwerke auch ein Verhältnis zu ihren Produktionsmitteln haben, die sie pflegen und ausbessern. Das Philosophieren gleicht darin einem Handwerk, ohne deswegen ein konkretes Tun nachahmen zu müssen; was es nachahmt, ist ein ganz bestimmtes Sein, das Selbstbewusstsein. Im Unterschied zum gewöhnlichen Bewusstsein, das ganz und gar an seinen Sachen klebt, ob nun im Wollen, Fühlen oder Denken, klebt das Selbstbewusstsein an sich selbst. Um aber an sich selbst kleben zu können, muss man eine Vorstellung von sich selbst haben; diese wiederum ist, was die Philosophen als die unabkömmliche Basis ihres Tuns ansehen. Vorstellungen sind wandelbar, mithin auch, was als unabkömmlich gelten muss; die Philosophen haben sich historisch mit sehr Verschiedenem begnügen wollen. Die Sorge fürs Unabkömmliche soll den Gedanken von diesem freimachen für sich selbst. Philosophsein ist so nicht nur eine Analogie von Handwerk und Selbstbewusstsein, sondern auch von Kapitalverhältnis, von Kreditwirtschaft: auf der einmal festgestellten Basis, dem einmal garantierten Unterhalt des Daseins soll ein Denken endlos, also basisfern und tendenziell unabsehbar, also ins Zukünftige wuchern können. Die Sorge des Philosophen gilt darum einer Basis seines Tuns, die er selbst nicht bereitstellen soll noch kann; das kann nur ein anderer tun, bei dem er sich darum unendlich verschulden muss. Die Endlosigkeit bzw. Unabsehbarkeit dieser Schuld – mit jedem seiner Gedanken rückt ihm deren Basis ferner und drückt die Schuld stärker – bedingt die Durchgängigkeit der philosophischen Sorge um sich selbst. Es ist ein Zähneklappern aus dem Bewusstsein eigener Verschuldung. Begreifen, was ein Philosoph tut, also was Philosophieren sei, bedeutet darum, über die konkreten Klagen und

Seufzer des Philosophen hinweghören können, durch sie hindurch, auf das prinzipielle Bibbern ums Philosophseindürfen. Die Philosophen selbst haben solche Unterschiede im Auge, wenn sie jedem Affekt einen transzendentalen Doppelgänger zur Seite stellen, z. B. der Furcht die Angst, der banalen Überraschung das Staunen übers Weltganze oder eben der Sorge um dies und jenes die Ursorge des ›Selbst‹ um sich. Und es ist ja richtig, in solchen Ur-Affekten gründen durchweg alle anderen, konkreten Regungen, wenigstens unter Philosophen; der Aufschrei des Philosophen, dem man dieses versagen oder jenes nicht mehr gewähren will, ist in seiner Unverzüglichkeit nur möglich aus einer permanenten Erregtheit, der Ursorge um sich selbst, als um einen, der philosophieren will und nichts sonst. Eben deshalb benötigt er, was nichts mit dem Philosophieren zu tun zu haben scheint; der Philosoph ist unter den Geistesmenschen jener einzige, der in Rechts- wie Umgangssprache präzis die Bedingungen seiner Geistigkeit anzugeben weiß. Ein Versorgungsbesorgter? Man hat es bejaht, man hat gesagt, seine Freiheit ängstige ihn, doch das geht ein wenig an seiner Lage vorbei. Er sorgt sich um seine Freiheit, aber er ängstigt sich um alles, was nichts mit ihr zu tun haben scheint, seine Freiheit ist ja, nicht für sich sorgen zu müssen, sondern sorgen zu lassen; des Philosophen Freiheit besteht in der ausschließlichen Sorge um etwas, was ihn eigentlich nicht kümmern muss.

In Gedanken

Sobald das Gemüt des Philosophen von Sorgen frei, sobald sein Körper auf einem Stuhl, an einem Tisch fixiert ist, wird er in Gedanken sein. In Gedanken sein dürfen, nirgendwo anders, ohne alle Sorgen, bildet den ersten und letzten Grund der philosophischen Erregung; um ihretwillen flieht der Philosoph die gewöhnlichen, gelegentlichen Sorgen und sucht er die Gegenwart der Schreibtische, Bücherschränke, Lehrstühle und ähnlichen Mobiliars. Ein betriebsfremder, unphilosophischer Kopf könnte nun meinen, hier handele es sich um die berühmte ›Geistesabwesenheit‹ oder ›Gedankenverlorenheit‹ oder auch nur ›Nachdenklichkeit‹. Bleiben wir bei letzterer, der populärsten Form einer mangelnden Gegenwärtigkeit des Geistes! *Nachdenklichkeit* zeigt eine existentielle Verschiebung, eigentlich: Verspätung gegenüber dem Gedanken an, der da schon ist, wo man selbst noch nicht ist; ein genuin historisches Phänomen also. Etwas muss bereits geschehen sein, wenn auch nur in Gedanken oder auch nur zugunsten von Gedanken, als des einzig Überlebenden jenes Geschehens. Der Nachdenkliche ist der ganz und gar Zuspätgekommene, der überall solche Überreste findet, denen er sich – oft ganz schutzlos – zuwenden muss; er kann nicht anders, als nachzudenken, wo er geht und steht. Seine Bindung an das, was ihn aus der Gegenwart (oder was dafür gilt) abzieht, ist vollständig. Man muss eigentlich um ihn Sorge haben, ja, für ihn Sorge tragen, denn er hält sich nicht aus eigenen Kräften im Dasein. Tatsächlich bezeugt seine Absenz aber eine ungewöhnlich sichere, feste Verwurzelung im Dasein, eine fast ausschließlich instinktgeleitete Bewegung des Existierens. Ihm fehlt ja nichts, er ist ganz anspruchslos, er ist wie von Natur. Der Nachdenkliche beweist sogar eine überdurchschnittliche Seinsstärke, denn er zieht alles, dem er nachdenkt, in die eigene Gegenwart. Das betrifft deren räumlichen wie zeitlichen Aspekt: den Nachdenklichen der physikalischen, mathematischen und anderen ›Strukturen‹ stehen diese vor Augen, sie kleben mit ihrem Denken daran wie ein Fischauge am umgebenden, mit allen Dingen seines Daseins gefüllten Wasser.

Der Unterschied zum Philosophen könnte nicht größer sein. Dieser ist ein Geist, der immer mit seinen Gedanken gleichzeitig sein will und das auch schafft, sobald er für die Basis dieser Geistigkeit ausgesorgt hat. Philosoph ist jeder, der ungehindert, vielleicht sogar gefördert darin, ausschließlich ›in Gedanken‹ sein kann. Das Nachdenken des Gedankenverlorenen, des Geistesabwesenden gleicht einem zähen Ringen um Gegenwart, genauer: einem Ringen zweier Zeiten – welche darf Gegenwart sein, wodurch auch die andere Gegenwart wird? Ein Ziehen und Zerren oft! Die Gedanken des Philosophen sind von ganz anderer Art, weshalb er sie zumeist auch ›Ideen‹ nennt, das heißt seiner unbegrenzten Vorstellungskraft unterworfene Gebilde; *Gestalten* einer arbeitswütigen *Imagination*. Nicht *er* hängt den Gedanken nach oder dem Rätselhaften ihres Geschehens, sondern ein Gedanke hängt am anderen; eine Ordnung aus Gedankenreihen. Zur Reihe können sich Gedanken aber nur ordnen, wenn der Ordner zu jedem von ihnen gleiche Nähe bzw. Distanz hält; der Philosoph ist jemand, der die Gedanken selbst ungerührt an sich vorüberziehen lässt. Der Gedanken Parade abzunehmen ist die einzige Weise, worin er sich seiner selbst, philosophisch gesprochen: seines Selbst, bewusst werden kann. Selbstbewusstsein hat er ja so benannt: Zeuge aller seiner Gedanken sein können – Unbezeugbarkeit zeugenloser Gedanken. Es ist also ungenau, wenn nicht gar falsch, den Philosophen ›in Gedanken‹ zu wähnen. Es mag sein, dass er mit Gedanken exzessiven Umgang pflegt, doch sind es, als philosophische, dann ja immer nur seine eigenen Gedanken; wie sollte er, der ihnen seine Eigenheit aufgeprägt und sie so exklusiv unter ihresgleichen sein lässt, selbst unter ihnen sein können? Die Bestimmtheit, die unbeirrbare Entschiedenheit der philosophischen Redeweise erklärt sich eben hieraus. Das zögernde Ringen um Präsenz, das den Nachdenklichen charakterisiert, hat im Philosophieren keinen Platz: die philosophischen Gedanken stehen sämtlich in der selben Gegenwart, wie viele sich auch noch erdenken lassen, der Philosoph steht zu ihnen allen im selben Verhältnis, sie sind ihm unterschiedslos verfügbar – allgegenwärtig, daseinsleer, zeitlos, unvergänglich.

Unter Leuten

Den Philosophen erkennt man unter Leuten nur indirekt: Einer redet von Dingen, die unmöglich seine Sorgen sein können, oder sorgt sich ersichtlich um Dinge, von denen er nicht reden will. Die Sorge darum, sich Gedanken machen zu dürfen und nichts sonst, und das Machen von Gedanken, die wiederum nur mit Gedanken zusammenhängen und mit nichts anderem, lassen sich eben nie gleichzeitig zur Sprache bringen. Hier muss ›die Persönlichkeit‹ des Philosophen einspringen, seine eigene Präsenz sozusagen – sie ist, was seine Sorgen und seine Gedanken zusammenbringt. ›Präsenz‹ behauptet ja nach allgemeiner Überzeugung, wer sich immer zur Verfügung und ganz beieinander hält, auch wo man das nicht ganz sehen kann. Wenn der Philosoph unter Leute kommt, wenn er also zu reden beginnt von seinen Taten, dann wird man oft nicht den Zusammenhang seiner Sorgen und seiner Gedanken sehen (es sei denn, man wäre selber Philosoph – doch dann wird man sich für keines von beiden interessieren). Der Zusammenhang von Sorgen und Gedanken erschließt sich erst dem *Glauben*; die Persönlichkeit des Philosophen muss *glaubwürdig* sein. Den Gehalt des philosophischen Glaubens, der hauptsächlich ein Glaube an Philosophen ist, bildet die philosophische Zweieinigkeit: Gedankenmacher und Sorgenmacher seien zwei Personen in einer, der philosophierenden Person. Auch der Philosoph selbst ist auf diesen Glauben angewiesen! Die Sorge um die Einheit und Eigenheit seiner Gedanken führte ihn dahin. ›Bei allen meinen Gedanken, meinen Sorgen muss ich mir denken können, dass ich es sei, der denkt und sich sorgt – mag ich es auch aktuell nicht begreifen, denn aktuell, im Akte meines Denkens und Sorgens, bin ich ja in Gedanken, in Sorgen.‹ Unter Leuten wird der Philosoph auffällig als der in und um Gedanken Besorgte. Glaubwürdig bzw. Gegenstand des Glaubens wird er als Person, die sich nach der einen oder anderen Seite hin zeigen kann: Der Philosoph kann sich im Zusammenhang seiner Gedanken präsentieren, der so sehr geschlossen, so daseinsfern und -neutral wirkt, dass man an eine eigenständige Besorgtheit im Machen solcher Gedanken einfach glauben muss, oder er kann das Gesicht seiner Sorge direkt, unter Umständen auch schweigend oder fragend zeigen; da zeigt er sich also nicht in der selbstgenügsamen Fülle seiner Gedanken, sondern als Frager der Fragen, Geber der Anstöße, Vorantreiber der Probleme – er teilt dann mit, worüber man sich einmal Gedanken machen müsste. Glaubwürdig und Gegenstand des Glaubens kann ein Philosoph nur sein, wo er sich nicht in voller Gegenwart unter Leute begibt, das heißt, wo er, bei nur unvollständigem Sehenlassen seiner selbst, Risse, Spalten, Leeren des Seins eröffnet, eben – etwas zu glauben lässt. Man muss ihm Kredit geben, auf die Fragwürdigkeit seiner Gedanken, auf die Denkwürdigkeit seiner Besorgtheiten hin. Autismus und Aufdringlichkeit sind gleichberechtigte Wege, um dem Glauben an die philosophische Persönlichkeit aufzuhelfen – der Philosoph ist einer, zufrieden man weiß nicht womit, drängend man weiß nicht worauf; man muss dran glauben.

Homogenität

Der Eindruck der Beliebigkeit, den jede Lektüre längerer Philosophentexte – gerade der am meisten Strenge, am meisten Ehrgeiz verratenden Texte! – hinterlässt, kann nicht aus dem rühren, *was* dort verlautbart wird. Wenn man sich schon an einen Monologisten wendet, dann doch in der Bereitschaft, ihn sogleich zu verlassen, wo er nicht mit *einer* Stimme spricht – wo er seiner Sache nicht Herr scheint. Was aber kann die Sache eines Monologschreibers sein? Was eine Sache ist, zeigt sich nur in einer Situation; wer von dieser absehen will, erzeugt schon wieder eine neue Sache. Die Situation des Verfassers philosophischer Monologe ist eine andere: Solange er monologisiert – wähnt, meint, spricht, schreibt –, wird ihm niemals sachgerechte Einrede drohen. Wenn in einem philosophischen Werk Einwände zur Sprache kommen, dann eben von fiktiven Gegnern, die der Herr der Situation auftreten ließ. Auch der redlichste, in Sachen des Monologischen heißt das: weitherzigste Geist, gebietet so über seine Gegner – es können immer nur erdachte sein. Was da gedacht, gesagt, geschrieben wird, gilt einer Sache außerhalb jeder möglichen Situation, die auch eine ist, worin die Möglichkeiten (Alternativen, Aspekte) einer Sache deutlich werden. Das ungehinderte Schreiben kann nur einer Sache gelten, die darauf wartet, aus ihrer Möglichkeit als Text, Rede usw. in eine Wirklichkeit von Text, Rede usw. überführt zu werden, niemand kann dazwischentreten mit Einwänden, denn was Sache ist, weiß nur der Schreiber selbst. Man versteht daraus, warum Berufsphilosophen Schriftsteller sein müssen bzw. Philosophen Berufsschriftsteller: Es gibt keinen Grund, in der Unaufhörlichkeit der situationslosen Rede jemals innezuhalten. So entstehen ›die Probleme‹ – jene Sachen, die ihre Beschreibung zu erzwingen scheinen und dieser doch kein Maß und keine Grenze setzen. Den Professionellen, also den Mann mit dem Willen zum Text, verrät das Bekenntnis, dass er etwas ›problematisch‹ finden müsse, um in Fahrt zu kommen. Man könnte seinen durchweg produktiven und professionellen Monolog für einen missglückten oder aufgeschobenen Dialog halten – gab es nicht gleich zu Beginn der Neuzeit das großartige Beispiel eines Schriftstellers, der seine *Meditationen* ungedruckt zirkulieren ließ, Einwände sammelte, Repliken schrieb und veröffentlichte?

Aber Descartes war eben *nicht nur* Philosoph. Der Titel ›Philosophische Probleme der Physik‹ erschiene unangemessen für seine philosophischen Texte. Philosophisch, genauer: metaphysisch sind diese gerade in ihrem Sich-frei-Arbeiten an und aus nicht-metaphysischen Sachen; hier ist *ein Denker* am Werke, nicht bloß *ein Philosoph*, der von Anbeginn einer ›Sache der Philosophen‹ sicher wäre. Typisch für den – gesprochenen wie geschriebenen – philosophischen Monolog ist seine Kohärenz, ein Wille zum Zusammenhängen mit nichts als sich selbst, auch dort, wo dieser Faden zuletzt nur noch die Fadenscheinigkeit einer ›Problemgeschichte‹ bedeuten sollte. Wer einmal an philosophischen Texten schreibt, der tut es immer, und sollte er einmal etwas anderes geschrieben haben, so wird er sich bald nicht mehr daran erinnern.

Warum jeder unbefangene Geist beim Lesen eines professionsphilosophischen Produktes zumindest ein Gähnen riskiert, ist nun klar, ebenso aber auch, warum man zwar monologischen, aber weniger sachgläubigen Geistern ihre Stimmungsschwankungen gern verzeiht. Solche Texte, deren einzige Sache die Stimmung ist, aus der sie entstanden sind, wirken kohärent, obwohl nicht abzusehen ist, worum und wohin es dabei gehen soll, und tatsächlich will so ein Stimmungsschriftsteller ja auch gar nicht überzeugen, hinüberziehen zu ›seiner Sache‹, sondern höchstens überwältigen, verschrecken, begeistern, imponieren. Er muss das sogar, wenn er über Seite eins hinauskommen will – er weiß, dass ihm kein Ernsthafter Einwände machen wird (er steht schnell außerhalb des Ernstes, der Zunft), so dass er sie, zur Freude undisziplinierter

Jünglinge und nachfolgender Professorengenerationen, zur Freude der Identifikationssüchtigen und der Interpretationsfreudigen, sich alle selbst machen muss. Begründungen sind unter seiner Würde, er weiß, dass aller Monolog außerhalb der Begründbarkeit steht, denn wer ununterbrochen spricht, der weiß, dass er sich auf keinen Anlass, geschweige einen Grund, geschweige einen letzten Grund, berufen kann. Er schreibt nicht in dem Wahn, er habe ›etwas zu sagen‹, sondern er schreibt, weil er schreiben will. Er weiß, dass er – anders als jeder Professionelle, also Ernsthafte – keinen eigenen Willen hat, keine wuchernde Wunsch- und Triebwelt, die sich in die logische Form zwängt und nur aus deren Ritzen hervorleuchtet; aus Leidenschaft oder aus Faulheit scheut er jeglichen Umweg zu Befriedigungen. Er ist seit je mit sich zufrieden, und er darf es sein, weil er ganz blutarm, eigentlich ein Geist-, ein Luftwesen ist, er besteht nur aus Denken, Lektüre, Väterbesitz und dergleichen, also lauter Nicht-Erfahrbarem, weil Auferlegtem. Davon will er nun erfahren und von sich selbst gleich mit, darum schreibt er. Der Stimmungsschriftsteller überzeugt durch die Kohärenz seiner Launen, die nichts anderes als Ausdrucksbedarf angesichts von Aussagenüberschuss sind; man weiß nach ein paar Zeilen, dass *er* es ist, der hier schrieb – das ist so ganz anders als bei den meisten Professionsphilosophen, Professorschriftstellern. Kein Wunder: Diese nehmen ja von den Sachen, was zu *ihnen* passt, sie finden ihr Thema *vor*, finden es passend zu sich … wer aber sind sie schon?

Produktivität

Wie ein Blick auf die letzten zweihundert Jahre zeigt, reüssiert als Philosoph vor allem derjenige, bei dem es weder zum Künstler noch zum Gelehrten gereicht hat und der darum den Theologen nachahmt. Es fehlen dem Philosophen die Dreistigkeit des erdfernen Kunstflugs als auch die Demut der unterirdisch wühlenden Gelehrsamkeit; er träumt aber davon, beider Energien zu vereinen in einer Inspiration, die zu *Gesammelten Aufsätzen* führt. Der Philosoph träumt von einem Schöpfertum, das sich aus seinen Studien so verbindlich wie schlagartig ergeben soll, er träumt von Deduktionen, die wie geistblitzende Expressionen daherkommen, Explosionen des Logos, denen niemand gelehrte oder geschmackliche Einwände zu machen wagt. Beides misslingt, wenngleich dem Philosophen nicht immer merklich, und als gewöhnlicher Eindruck, den seine Tätigkeit für ihn selbst wie für andere annimmt, bleibt der einer Art Theologie. Wie der Theologe glaubt der

Philosoph an Gründe und sucht sie oder ihre Folgerungen den Menschen schmackhaft zu machen; nur fehlt dem Philosophen der letzte Grund, das letzte Vertrauen des Theologen: die Liebe. Er hat mit Bedacht drauf verzichtet; sie wäre die große Öffnung, durch die ihm aller Lebenssaft sofort davonflösse oder eine Flut von Unbegreiflichem in ihn eindränge; er kennt weder die menschliche noch die himmlische Liebe, hat weder Vertrauen in den Mangel noch in die Fülle, seine Säfte, seine Leidenschaften brodeln in geschlossenen Umläufen, in der *philosophischen Produktion*. Sie ist kein Symbol, sondern bloß Allegorie von Welt und Leben: Erzeugung einer Welt aus eigenem Leben, eigener Kraft, zum Erstaunen der Welt. Die Lieblosigkeit der philosophischen Produktion liegt nicht in der allzu zaghaften oder gar ausbleibenden Berührung der Erde (und des Himmels), sondern in dem ungetrübten Vertrauen auf die Kraft der Nachahmung, auf ein Leben in Gedanken, dem die Welt als getreuer Schatten beigegeben ist. Die Produktivität der Philosophen ist unvergleichlich.

Sache des Denkens

Philosoph darf jeder heißen, der sein Denken einhegt oder, wie man auch gern sagt: kultiviert, damit es Früchte trage, die dann nicht nur Früchte des Denkens sein sollen; wer philosophiert, unterstellt sein Denken irgendeiner äußeren, höheren Bestimmung bzw. ›Sache‹ – Staat, Konfession, Familie, Karriere –, möge er diese Sache auch ›philosophisch‹ nennen oder nehmen. Wer Philosoph heißt, kennt die Furcht, sich im Denken zu blamieren. Kann jemand diese Furcht kennen, der im Denken lebt, der durch Gedanken existiert? Es liegt in mehr als einer Hinsicht nahe, im Philosophieren den von der Sache des Denkens entferntesten Bereich zu erblicken. Die Sache des Denkens hat ihre Erfordernisse, Regeln, Gesetze, das ist richtig, man kann sie beachten und darf sich dann Philosoph nennen und wird nichts falsch machen dadurch. Aber nicht der Denkende bestimmt, *wann* es etwas zu denken gebe, und wenn er das vorgibt, dann ist sein Denken jedenfalls nicht sachgemäß. Zeitbefreites, anlassloses Denken kann niemals sachgemäß sein. Sachgemäßheit, wiederum, kann nicht die Freiheit des Gedankens oder der Gedankenlosigkeit sein. Sachgemäßheit lässt nicht jene Auswege, wie sie Professionalität bietet – ein Professioneller ist ein Beschäftigter an einer Sache, die eben auch eine andere sein könnte. Der Sache der Professionsphilosophen fehlt die Evidenz der Ausweglosigkeit, der Verranntheit in eine Sache. Die seltsamen Figuren, die einem manchmal an den Rändern der Universitäten oder inmitten der Gossen begegnen, gewisse Märtyrer der Konsequenz, scharfsinnige Verzückte oder großredende Verrückte – sie erinnern daran, dass es ein Dasein im Denken geben kann, das nichts von sich weiß. Was hier als lebensgeschichtliches Missgeschick oder Unglück erscheint, ist eine gewisse Arglosigkeit und die Bereitschaft, das Dasein dem Denken ganz auszuliefern, das Bewusstsein von einem x-beliebigen Gedanken, einer thematischen Obsession oder auch nur einer logischen Macke erfüllt sein zu lassen. Die Verkommenen des Lebens, die Verfehlten der Lehrstühle – sie waren gewiss zu sehr in Gedanken, um sich selber welche zu machen, etwa über ihr Dasein, sie brachten es nie zur Philosophie und zur Sorge um den, der ihr leben will.

Sitz und Stimme

Mag sein, dass Gedanken und Begierden die gleiche seelische Wurzel haben (Descartes: »Die Seele denkt immer, begehrt immer, auch im Traum ...«) oder dass sie durch ihre innere Unbegrenzbarkeit zu Auswüchsen werden können, zu Wucherungen, Fehlbildungen, ja sogar Korruptionen des seelischen Lebens (Klages: »Vom Willen zur Wahrheit«). Aber in diesem frei wuchernden Denken und Wollen liegt doch auch wieder jene Unkorrumpiertheit, wie sie Binnenlogik und Binnenethik des Geistes verlangen. Mit dem Denken ohne Ende und ohne Korrumpiertheit ist es erst vorbei, wo eine Begierde sich darauf richtet: Der Wille zum Gedanken bezeugt jene Korruption des Denkens, die es aus einem Geschehen zu einer Profession wandelt, zur Sache der Professoren. Die Möglichkeit dieser Korruption ist freilich älter und nicht ans historische Erscheinen einer Professoralphilosophie gebunden. Der erste Träumer, der erste Gedankenwandler, der sich aus seinen Träumereien erhob oder der seinen Spaziergang unterbrach, um einen Gedanken *festzuhalten*, hatte die Sache des Denkens bereits an den künftigen Beruf des Philosophen verraten. Dieser Beruf wird im Sitzen bzw. Stehen ausgeübt, das Innehalten auf der Stelle ist abgelöst aus der Rhythmik des Ruhens oder Wandelns, dient vielmehr der Ansammlung und Verlautbarung eines willkürlich Erzeugten. Philosoph, Professor ist jemand, der irgendwo Sitz und Stimme hat, weshalb der Philosophieprofessor die Inkarnation des korrumpierten Denkens ist.

Unvorstellbar, dass so einer Gedanken vortragen könnte, wie sie einem im Liegen oder beim Gehen kommen! Was im Liegen entsteht, lässt sich nur mühsam missbrauchen für jene Zwecke, die im Reich der Drehsessel und der Schreibtische wohnen; jedem Möchtegern-Vergewaltiger seiner Träume mit dem parat liegenden Schreibblock auf dem Nachttisch ist dies vertraut. Der ruhende – dämmernde, träumende – Mensch hat die Position des archaischen Denkers, wie er in Europas Anfängen oder noch heute in fernen Orienten anzutreffen ist; hingelümmelt dort, wo es weich und warm ist, verstummt der Wille, und die Gedanken stellen sich ein wie von selbst, dies vor allem deshalb, weil so ein Lümmler kaum daran leiden würde, wenn sie sich *nicht* einstellen würden. Sie suchen den Denker heim, statt dass er nach ihnen suchte; so bilden sie eine Kette, ein schier unabsehbares Kontinuum (eher schlummert er ein oder schreckt er auf, als dass er ihren Anfang oder ihr Ende zu Gesicht bekäme). Der Wille eines solchen ›ursprünglichen‹ Denkers ist verstummt, weshalb es leicht geschieht, dass ihn ein fremder Wille heimsucht – sind die Gedanken, die ihn so ungezwungen durchströmen, nicht eigentlich unpersönliche, fremde Gedanken? Tatsächlich ›denkt es‹, ›will es‹ in ihm, darin liegt die Nähe des ursprünglichen Denkens zum Religiösen oder zum Mythischen, zu Wesen und Tatsachen, die man weder machen noch ändern kann. Die sogenannten Denker des Ursprungs, der archē, haben sich deren Bilder doch nicht *erdacht*, es sind eher Bilder, von denen sie heimgesucht wurden und die nicht durch Gegenbilder auszulöschen sind, so wenig wie Heraklits Feuer durch Thales' Wasser, mit anderen Worten: die ursprünglichen Denker konkurrieren nicht. Müdigkeit und Willensschwäche können einem derlei Heimsuchung jederzeit plausibel machen, eine Heimsuchung durch Gedanken, die sich in einer willensbefreiten Eigenlogik vorm inneren Auge ausbreiten, welche Heimsuchung freilich, wo moderne Hektik sich dreinmischt, allzu leicht als Zumutung eines fremden Willens, eines bloß *anderen*, ›äußeren‹ Eigenwillens erscheinen mag. Ganz zu schweigen von den Versuchen, die Ruhe als Muße, die Muße als Freizeit und Freiheit des Willens zu verstehen und zu inszenieren: aus dem Denker einen Philosophen zu machen, der damit rechnet, dass man ihm Zeit freihält und der allen Ernstes glaubt, was in solcher gewollten Freiheit ihn durchzöge an Gedanken, hätte seine Logik und seinen Sinn durch diesen Rahmen. Doch das ursprüngliche Denken ist nicht das bessere Denken gegenüber einem gewöhnlichen, wie es der Philosophieprofessionelle glaubt, der die seinem Denken bereitete freie Zeit als Gegenstück zur Arbeitszeit der anderen, schlechter und schlichter Denkenden (Wissenschaftler, Alltagsmenschen) will; es ist die Sache des Denkens selbst, das sich in einer Weise zeigt, als hätte sie es nicht nötig, sich zu zeigen. Sie verlangt Demut und Luxus eines ungerührten *Zuschauens*.

Ganz anders und doch immer noch um so vieles ›philosophischer‹ als die Lage des Philosophieprofessionellen ist die Lage des Wandelgängers, Wanderpredigers, Wandersophisten, aber auch des stumm monologisierenden und daher auf ewig namenlosen Spaziergängers in Gedanken. Kein Zweifel, seine Gedanken bilden keine Kette, keinen Fluss; ein Denken im Rhythmus des Gehens und Atmens lässt nur die prägnanten Einzelheiten, die logischen oder rhetorischen Atome der Einfälle und Formeln zu, ein allerdings regelmäßiges (oder doch regelbares) Aufblitzen. Mag dieses auch evozierbar sein durch eine Technik (Stil, Rhetorik), so ist es doch eine Technik ohne Dogma, ohne Prätention einer Ur-Weisheit, aus der alle kleinen Klugheiten des Lebens folgten. Dem sophistischen Typus fällt es nicht ein, von einem Auftrag des Logos zu fabeln, wie hernach so viele Professionelle der Philosophie. Er rührt nicht an den Ursprung – und ist doch nicht weniger ›ursprünglich‹ in seinem Denken als der Archaiker. Seine Willenssouveränität und Ortsbeweglichkeit, das durch und durch Zweckdurchwirkte seines Daseins, bedeuten keine Korruption des Denkens. Dieses ist allerdings zu unendlich kleinen Einheiten verdichtet, zu dem, was sich nicht verfälschen, hier und da anschließen, sondern nur in toto erinnern und vergessen lässt. Der Sophist ist ein Gedächtniskünstler, er memoriert und repetiert, er hat durchaus seine Zwecke, oft nach Maßstäben der reinen (professionellen) Philosophen ›unsaubere‹, weltliche bzw. materielle nämlich, doch seine Gedanken sind gerade in ihrer Allbenutzbarkeit von unpersönlicher, alle Einzelzwecke übersteigender Solidität. Nicht in dem, *was* er denkt, will der Sophist ›originell‹ sein; ein Original ist er schlicht durch seine Situation, die das Anonyme des Gedankens mal hier, mal dort zeigt, ihn selbst mal in diesen, mal in jenen Zusammenhang versetzt, ohne dass er dabei eine schlechte Figur abgäbe. All diese Blitze und Sprüche, mit denen der Sophist bei gedankenärmeren Leuten, in gedankenlosen Gegenden großartig einschlägt, sind doch als Gedankenblitze, Sprachatome in sich selbst unzerspaltbar, unverschleißlich – sie verlangen nicht danach, zum Licht der Welt zu werden! Es sind dieselben Gedanken, die jeden (einigermaßen trainierten) Spaziergänger heimsuchen können; es sind, in der Neuzeit des Geistes, die kalten, harten Weisheiten der Moralisten gewesen, die eine Situation zu einer Sentenz zu verdichten wussten, ohne auf diese Situation festgelegt zu sein. All diese harten, kalten Kügelchen von Esprit sind unverderblich, ewig konservierbar, sie behaupten sich in jeder historischen Atmosphäre. Sie sind das Gepäck, das man mit sich tragen, gelegentlich auch verlieren kann; hebt es ein anderer auf, zeigt das Verlorene doch keinen Schaden – es zeigt sich nicht herausgefallen aus irgendeinem ›größeren Zusammenhang‹!

Professionelles Philosophieren jedoch ist genau das: Produktion eines ›größeren Zusammenhangs‹, Wille zum Denken, der sich aus der rezeptiven Ruhelage der Ursprungseinsichten erhoben hat oder den eigenen Gedankenwandel an einem Punkt gewaltsam unterbricht, um sein Kontinuum zum Stehen und ins System zu bringen. Philosophen, Professoren – das sind Menschen, die das Denken zum Stehen bringen wollen, nachdem sie es willkürlich in Bewegung gesetzt haben, geistig scheinbar höchst empfängliche Bewegte, die sich freilich nur solche Gedanken machen, die einem zu *Sitz* und *Stimme* verhelfen. Der Professionsphilosoph ist jemand, der nicht eher denken will (und kann), als er einen Platz gefunden hat, so wie umgekehrt sein Denken ein Wille zum Platznehmen unter seinesgleichen ist. Der Professionsphilosoph ruht, schweigt, denkt nur scheinbar, nur um zu sprechen. Seine Stimme ist weder selbstvergessenes Murmeln noch entschlossene Verlautbarung, sondern vibriert von *Bedeutung*, verweist durch dieses Vibrato auf anderes als jene Sache und Situation, die man vor Augen und um sich haben könnte, verweist vielmehr auf eine vorab stattgehabte Produktion, das professionelle Gedankenmachen. Bedeutsames Sprechen, bedeutungsvolles Schweigen. Eine angespannte Stille umgibt den schweigenden Professionellen, den Mann am Schreibtisch – den Mann, der produziert. Hier wird das Denken offenkundig zu Tisch gebeten. Der an ihm Platz nimmt, der sitzerfahrene Produzent, könnte nun aus der Perspektive von Archaikern und Sophisten als Spätblüte oder Seitentrieb an einem ansonsten gutgewachsenen Stamm erscheinen. Das ist er jedoch nicht. Der Mensch, der sitzt, wo andere für ihn in Bewegung sind, ist nicht weniger Urgestalt als die anderen beiden (Sammler und Jäger, Höhlenleute und Savannengänger!). Lehnstuhl und Schreibtisch sind Epitaphe einer unvordenklich alten Praxis. Der Sitzer, der professionsphilosophische Erdenker von Gedanken, hat das Denken dem Takt von Stauung und Abfluss unterworfen, er wandelt willkürlich den freien Fluss zum Geist in der Flasche, den er eifersüchtig hütet, um ihn dereinst zu verschleudern.

Denn wo ein Schreibtisch steht, ist das Rednerpult nicht fern. Es sind die beiden Seiten geistiger Machtübung. Könige sitzen, Priester stehen. Die einen haben akkumuliert, die anderen teilen aus. Das Stehen des Professionsphilosophen (König der Wissenschaften, ja der Wissensarten überhaupt!), das Stehen an und auf der Stelle, ist kein Ein- und Innehalten leiblich-seelischer

Bewegung, sondern nur der Auftritt eines Geistes, der sich erhoben hat, vom Schreibtisch. Das Priesterliche der Verkündigung dort, am Pult, schreibt sich von dieser im Sitzen erbrachten Vorleistung her, der Akkumulation von gelieferten Gütern zwecks Transformation zu lieferbaren Gaben. Das Priesterliche des Tonfalls liegt in dem Verweis auf einen unsichtbaren Gott, jenen Mann am Schreibtisch, der dem Mann am Pult vorausgeht; ein Schöpfer, dem man seine Schöpfen nicht ansehen konnte, so wenig wie man den sitzend Ausdenkenden hinter dem stehend Vortragenden erblicken kann. Wo man nicht sehen kann, muss man aber glauben. Weder Ursprungsdenker noch Sophist verfügen über diesen Verkündigungston, der doch zugleich ein Betteln und ein Drohen ist. Der müßig hingestreckte Träumer muss nichts erbetteln, der wandernde Sophist darf niemals drohen, wenn er am Leben bleiben will. Der bettelnde, bedrohliche Tonfall gehört zur Stimme eines Menschen, dessen Gedankenwerk weder der reinen Muße noch der harten Notwendigkeit entspringt, sondern einer Entschlossenheit zum Produkt. Der Wille hat sich hier über seine Sache – das Denken – erhoben und muss sich nun darunter beugen; der königsgleiche Beherrscher seiner Gedanken muss den priesterlichen Verkünder einer unpersönlichen Macht geben. Die Stimme des Gedanken-Verkünders zittert von der Sorge und der Zuversicht, hernach wieder Platz nehmen zu dürfen.

Innen wie außen

Philosophie ist imitierbar, Denken nie. So wenig es ein Denken vor dem Denken geben kann, so wenig wird ein Denker den Wunsch erwecken, ihn nachzuahmen. Mit anderen Worten: Der *Wunsch* zu denken, der in Wahrheit der Wunsch ist, Philosoph zu *sein* und Gedanken zu *haben*, kommt aus der Gedankenlosigkeit.

Ein Denker ist versunken, vergraben, verkeilt in seine Sache; der *eine* Gedanke, den er hat, sondert sich ihm nicht zu dinghafter Abgeschlossenheit. Prinzipien, Archetypen, Urbegriffe sind nicht vorstellbar als Lehrstoff. Ein Philosoph hingegen ermuntert fast zwangsläufig zur Nachahmung – zum Vortragen und Weitersagen von Gedachtem –, er verführt zur bloßen Gedanken-Darstellung, wie alle Leute, die schon Gedachtes zum Gegenstand des Denkens machen.

Das Rätsel des Anfangs ist beim Philosophen somit einfacher gelöst, als man denken mag. Die Sonderung des Gedankens zur Sache, seine Behandlung als ein Gegenstand, der sich erwerben und veräußern, lernen und lehren lässt, ist das eifrig ausgeplauderte Betriebsgeheimnis des Philosophierens. Die vermeintliche Bescheidenheit in der altertümlichen Definition von Philosophie offenbart sich neuzeitlich endgültig als selbstgenügsamer Hochmut: Liebe zur Weisheit bedeutet, dass deren Dasein als ein Gut, als Gegenstand eines spezifischen Strebens schon vorausgesetzt ist.

Da die Philosophen aus der Weisheit eine Sache an sich gemacht haben, können sie selbst sich in Person anders und aufdringlicher zeigen als die von *ihrer* Sache kaum freikommenden Denker. Wer sich entschieden hat, Philosoph zu sein, erlaubt einen Blick auf seine Person *und* seine Sache, er darf sich als Macher wie als Lehrer von Gedanken fühlen, schließlich als Schüler oder als Meister. Normalerweise sind dies die zwei Akte seines Lebens, das eine Karriere ist.

Philosophen zeugen immer nur wieder ihresgleichen. Im Kosmos der philosophischen Karrieren erlebt man Denker oder was dafür gilt von Anbeginn als Lehrer. Man lernt hier, um selbst Lehrer zu werden. Ebenso professionell wie der Lehrer der Philosophie ist sein Publikum, das entweder das Schauspiel einer personifizierten Sache genießen will oder auf Persönlichkeit durch Schaustellung der Sache hofft. Die An- und die Aufgeregten, die Entzückten und die Entschlossenen bevölkern die Hörsäle. Die Aufgeregtheit, die – so sanft wie unwiderruflich – in eine philosophische Karriere schleudert, ist das Gefühl, *so etwas auch* machen zu können.

Das Bild der professionellen Philosophie zeigt keine Meister einer Sache, sondern Lehrer und Schüler eines Gedankens. Die Eigenart der Gedanken, durch die Professionelle sich auszeichnen, bezeugt zum ersten, *wen* sie zum Lehrer hatten und zum zweiten, dass sie *Schüler* haben. Der Übergang zwischen diesen beiden Phasen geschieht bruchlos, keine Wendung oder Krise macht den Schüler zum Lehrer der Philosophie. Die dingfeste Gestalt des Gedankens schließt katastrophische Brüche aus. Wie Perlen reiht sich Gedachtes auf der Schnur, sobald man die Tradition eines Gedankens und die Techniken seiner Herstellung kennt. Man bewegt sich im Kontinuum eines Lehrstoffs, lernte von klein auf, alle überlieferten und unterlegenen Gedanken auf ihre Lehrgestalt hin abzutasten. Ihr ganzes Leben verbringen die professionellen Philosophen in dieser konsumtiven Produktion bzw. produzierenden Konsumtion. Sie läuft ohne existentiellen Reibungsverlust ab, ganz geschlossen und geschützt gegen Außerökonomisches. Man wirtschaftet in und aus dem Eigenen.

Diese geschützte Geschlossenheit des Arbeits- und Konsumzusammenhangs hat nichts zu schaffen mit jener Homogenität eines Denkerdaseins, wie sie ein Plotin gelebt und ein Spinoza gepriesen und ein Hegel geschildert haben, mit jenem Eintauchen ins Meer des Begriffs, worin jedes Auftauchen den Untergang bedeutet. Das professionsphilosophische Dasein im Lehr- und Arbeitszusammenhang steht aber auch außerhalb der Spannung, wie sie ein von intellektuellen Notwendigkeiten geleitetes gleichwie von existentiellen Nöten bedrängtes Leben charakterisiert. Die Bedingungen und Anlässe des professionellen Philosophierens sind diesem vollständig entzogen: die ›Mittel‹ und die ›Themen‹, die es in Bewegung halten, werden ihm von außen zugeführt. Gerade darin bewährt sich ja die Philosophie als autonomer Karrierezusammenhang. Sie braucht jene Zufuhren, ohne sie selbst hervorbringen zu müssen oder auch nur zu können. Philosophen fangen bei der Philosophie an, nicht bei den Nöten des Daseins oder den Fragen des Wissens. Weder Lebensnot noch Geistesluxus, weder Leid noch Langeweile bringt ihr Denken in Schwung. Die – einzige – Erfahrung der Philosophen ist, dass es immer schon Philosophen gab. Auf diese Erfahrung gründet sich das Denken, professionell: das Lehren und Lernen der Philosophie.

Der Schüler der Philosophie lernt zuerst Lehrer der Philosophie kennen und der Lehrer der Philosophie dann nichts anderes mehr als Schüler. Die Selbstgenügsamkeit des professionsphilosophischen Zusammenhangs mutet den Außenstehenden so arrogant wie bescheiden an, eigentlich: wie eine Arroganz des Daseins dank einer Bescheidenheit des Anspruchs. Fast vergisst man beim Blick von außen, dass es sich da um Philosophen handeln soll. Dieses Fehlen einer spezifisch philosophischen ›Aura‹ ist nicht zufällig. Da die Meister und Schüler der Philosophie wissen, was ein philosophischer Gedanke ist, noch ehe sie ihn gelehrt bzw. gelernt haben, kann er unmöglich auf jene Weise erstrahlen, die für die ursprünglichen, von ihren Gedanken gleichsam überraschten und heimgesuchten Denker typisch ist. Der Lehrer mit Ausstrahlung ist von dankbaren Schülern dicht umstellt, so dass das Philosophische seines Glanzgedankens der Öffentlichkeit verborgen bleiben muss; was wiederum über den Betrieb hinaus strahlt, ist gerade nicht der Glanz eines philosophischen Gedankens. Der Lehrer, der glänzen will, muss hier mit Dichtern, Historikern, Theologen, Biologen, Politikern, Redakteuren, Athleten, Medizinern, Köchen konkurrieren. Diese gewannen die Aura von Philosophen allesamt als Spezialisten, die ihr Fach populär zu machen verstanden, die sich ›allgemein-menschlich‹ über Professionelles, allzu Spezielles äußerten. In der fortgeschrittenen Neuzeit gelten, vielleicht mit Recht, die *populären Fachleute* als philosophisch. Die Masse der Professionsphilosophen, als populus der Fachphilosophie, sieht sich bei Glanzbedürftigkeit regelmäßig in die

Alternative von Ernstgarantie und Amüsierversprechen gezwängt. Nicht wenige entweichen daraus, indem sie nun unseriös *und* unpopulär reden. Es sind Lehrer, die sich wie Schüler aufführen; die Originalgenies des Philosophiebetriebs. Ihre Genialität ist es, einmal anders zu reden und anmaßend zu tun, sich in der eigenen Lage zu wenden wie die Katze im eigenen Fell – das Innerste wird nach außen gekehrt. Ihr Innerstes aber ist der innige Glaube an philosophische Lehrerschaft – als staunende Schüler am Ewigvertrauten begeben sie sich unters mäßig interessierte Volk und geben die von sich selbst Überraschten.

Oben und unten

Denker konkurrieren nicht; es gibt keine guten und schlechten, sondern nur entdeckte oder unentdeckte Denker. Vielleicht muss Unentdecktheit sogar für den Normalfall gelten oder zumindest für die Norm des Denkens. Nur durch eine Art Verrat löst sich ja ein Denken von seiner Sache und wird als solches greifbar, im griffigen Gedankending. Dessen Hin und Her wiederum ist die Regel unter *Philosophen*. Je mehr Gedanken ein Philosoph ergreifen und behaupten – zu seinem Eigentum erklären – kann, desto besser sein Ruf. Umgekehrt desto schlechter der Ruf von Philosophen, deren Gedanken immer nur durch die Hände bzw. Hirne gingen, die nichts zurückbehalten konnten. Solche gelten bald als bloße Techniker, ewige Schüler oder als zum Verteilen bestellt, während anderswo produziert wird. Sie dürfen sich für Philosophen halten, gewiss, für Professionelle des Gedankens, mit Aussicht auf Höheres, auf die Originalität von Zugriff und Aneignung. Solche Aufstiegs- und natürlich auch Abstiegsszenarien wären unter *Denkern* ein Unding.
Denker stehen nicht außerhalb der Zeit, jedoch stets in Situationen. Situationen werden nicht alt in irgendeiner Geschichte, einem Fortschritt. Die Sache, die sich in einer Situation zeigt, verlangt Antwort; die Denker geben sie oder bleiben stumm. Philosophen, professionelle, behandeln Gedanken selbst als solche Sachen, dürfen im Gegenzug auch an gewisse Methoden, an Techniken glauben, durch die sie jener Sachen habhaft werden. Im professionsphilosophischen Bild vom Denken sind Gedanken etwas, das wandert. Die Hierarchien, an denen die Philosophen unaufhörlich arbeiten, wären unmöglich ohne diesen Doppelglauben an die Isolierbarkeit des Gedankens und an seine Tradierbarkeit durch wechselnde Situationen. Die Hierarchie der Philosophen, der guten und der schlechten, der bedeutenden und der

unbedeutenden, unterstellt Grade der zeitlichen und der räumlichen Nähe zu einem Gedanken, der, selbst wenn er keine Lebenszeichen mehr zeigen sollte, doch als *Problem* ein Nachleben haben kann.

Die Autonomie des Gedankens als Problem, Theorem, Idee usw. auf der einen Seite entspricht dem Selbstbewusstsein der Philosophen als Techniker des Denkens, als Geistestäter auf der anderen. Das stellt sie den übrigen Geistestätern gleich und unter Maßstäbe der Macht. So wie es im Geistesleben mächtige Männer – schulbildende Künstler, einflussreiche Kritiker – gibt, soll es auch große (und kleine) Philosophen geben. Die Größe bemisst sich daran, einen Gedanken *gefunden*, eine Sache *benannt* zu haben, die fortan als Problem durch Zeiten und Köpfe wandern kann. Den Problemerfinder unterscheidet von den Problembearbeitern zunächst nichts weiter als das pure Faktum des Fundes und seiner Sicherung durch einen Namen; er ist nur der *erste*, der höchste und oberste freilich, unter lauter Technikern, Handwerkern, Arbeitern des Geistes. Ohne diese Voraussetzung eines Arbeitskontinuums gäbe es keinen Maßstab und keine Höhe. Von klein (bzw. unten) auf wird der Professionsphilosoph auf diesen Höhengewinn hin trainiert, auf *Originalität*.

Originalität ist in die Höhe gepresste Originarität, eine Ursprünglichkeit, die sich über Köpfen und vor Nasen schwenken lässt. Professionelle Philosophen, ob Schriftsteller oder Professoren, akzeptieren Originalität als Maßstab und kreditieren ihn durch ihr Streben. Als eigenständiges Erzeugnis der Philosophie allerdings wären dieser Maßstab und die Gläubigkeit daran kaum zu begreifen. Begreifbar ist der Glaube an Höhenunterschiede im Geistigen nur als Sonderfall bürgerlichen Strebertums. Dessen Konkurrenzprinzip beruht ja nicht schlichtweg darauf, dass man entbehrt, um zu gewinnen, oder dass man sich vorerst unpersönlich gibt, um dereinst persönliche Macht auszuüben. Vielmehr muss der Gewinn unendlich die Investition übersteigen, als überfließender Schatz (christliche Propädeutik der kapitalistischen Frömmigkeit!). Die ›persönliche‹ Substanz – bei näherem Besehen meist ein allzumenschlicher Geltungstrieb oder auch nur Familiensinn, kurz: der Schimpanse in uns allen – wird unterdrückt, verdünnt, ›sublimiert‹ und dadurch aufwärts gedrückt. Das Über- oder Unpersönliche: eine hochgelegene Schicht der Sachlichkeit, worin Instinkt (tierhaft) sich nurmehr als Intellekt (menschlich-übermenschlich) zeigen kann und darf. Niemand hat dieses Szenarium schroffer gezeichnet als M. Scheler, dieser Christ im Denken und Bourgeois wider Willen. Ihm war es ein weltgeschichtlicher Prozess: Annäherung der Instinkt- an die Geistsphäre – Vergeistigung, Versachlichung. Der ›katholische Nietzsche‹ (Troeltsch über

Scheler) wusste, dass jedem Höhenstreber die Person der Zweck und die unpersönliche Sache bloß das Medium ist, jenen zu ›verwirklichen‹. Konstitutive Heuchelei der bürgerlich-christlichen Welt: der Sache – all den ›Werten‹ eines als Ethik, Ästhetik, Recht, Ökonomie, Wissenschaft usw. autonom gewordenen Geistes – als Eigenwert, dem Mittel als Selbstzweck huldigen zu müssen. Die Person verleugnen müssen, um im Glanze der Unpersönlichkeit erstrahlen zu können …

Zumal die vom religiösen Sinnglauben befreite Philosophie bietet derlei Pervertierungen in Fülle. Im annonciert selbstgenügsamen Spiel des Geistes, unterm Selbstzweckprinzip in Permanenz tummeln sich die meisten versteckten Charaktere, Komödianten der Selbstlosigkeit. Die professionelle Philosophie überbietet darin sogar die ›reine Wissenschaft‹. Diese zwingt durch Hypertrophie des Formalen und Methodischen, also Mittelbaren, wenigstens die unwissenschaftlichen Ziele ihrer Angestellten bloß ins Verschweigen, nicht in die Verfälschung – *außerhalb* der Wissenschaft kann ja jeder von ihnen sein, was er will! Die Philosophie dagegen will den ganzen Menschen. Sein Leiden an ihr scheint sowohl durch die Norm der Selbstverleugnung als auch durch die Realität ihrer Befolgung verursacht: Wer Berufsphilosoph wird, sieht sich als einen unter vielen, unter vielen Untengebliebenen des Geistes. Die Professionellen verleugnen etwas, um es dereinst bekennen zu dürfen, sie alle suchen ins Unpersönliche aufzusteigen, um ungescheut persönlich sprechen zu können. Der Aufwand der Selbstverleugnung übersteigt jedoch das Verleugnete nahezu unermesslich. Das Bild des guten Philosophen – eines Persönlichkeitsverleugners im Dienste der philosophischen Sache – schafft die Realität der vielen schlechten. Sie alle, ob nun von eher schriftstellerischem oder eher professoralem Ehrgeiz, hängen an (etwas von) sich, das sie für unvorzeigbar halten, werden dadurch beschwert bei ihrem Aufstieg, haben in der Höhe dann weder Kraft noch Anlass, sich frei zu bewegen. Immer möchten sie vergessen: was sie sind, was sie waren; der ›persönliche Anteil‹, der das Bild des unpersönlichen Ganzen zu trüben droht und das ihnen doch gerade der Grund war, sich unters Joch der Unpersönlichkeit zu beugen. Was den Professionellen ganz fehlt, ist Selbstdistanz, eben weil sie das Ganze, das sie sind, nicht ins Auge fassen wollen.

Die wenigen Philosophen, die innerhalb einer professionell gewordenen Geisteswelt den Ruf von Denkern erringen konnten, verfuhren umgekehrt. Sie standen sich selbst beinahe von Anbeginn fremd gegenüber, waren vielleicht sogar entsetzt über sich – über diese aufgewühlte Leibseelenmaterie, darin es sich der Geist keineswegs gemütlich machen konnte. Was sie sich selbst fremd gemacht hat, das war oft eine fragwürdige, eine ›relative‹ und relativierbare Norm, der sie nicht genügen konnten; etwas Unpersönliches jedenfalls, das ihnen ihre Persönlichkeit in toto zum Material werden ließ. Den *Denkern* lag dieses anonym gegenüber, es wurde ihnen ein Thema wie jedes andere und dadurch jedermann verständlich. Deshalb gelten die Denker sogar als ›originell‹, denn was *jeder* an ihnen *begreift*, das müssen *allein* sie *sein*. Vom disziplinierten Egoismus der Geistesstreber unterscheiden sich diese – meist verzweifelt und unfreiwillig – ›Originellen‹ durch ihre Egozentrik und ihre Indifferenz. Sie haben nur ein Thema: sich selbst, das sie mit wilder Gleichgültigkeit bearbeiten. Natürlich stehen sie damit außerhalb der professionsintellektuellen Hierarchie. Die Substanz ihres durch Geist fremd gemachten Lebens ist ja nicht von ihnen ablösbar noch in Stücken zuteilbar: Was sie sich selbst ganz und gar fremd werden ließ, das müssen sie ganz und gar sein: Geist. Er ist die Sache, die sich in ihnen selbst bearbeitet. In ihrer hoffnungslos sachlichen Verranntheit in die eigene Person erreichen solche Selbstbearbeiter wieder die Ursprünglichkeit der frühen Denker, der Versunkenen in einer namenlosen Sache. Die Weisheit des Anfangs, die Ahnung des Endes …

Bekenner und Schriftsteller

Dass Philosophieprofessionelle so viel schreiben, dass es kaum ebenso viele Leser finden kann, ist offenkundig. Warum aber schreiben sie oft so viel schlechter als professionelle Nichtphilosophen und nichtprofessionelle Philosophen?

Ein schlechter Stil kommt aus allzu großer Sicherheit des Wissens und noch mehr des Glaubens an ein Wissen, beispielsweise an ein Wissen davon, was man selbst sei oder treibe oder darstelle. Der Stil leidet, wenn man schon vor allen Worten zu wissen meint, was man dann nur noch sagen muss; es ist der Stil desjenigen, der für sein Wissen Worte finden will. Der Wille verdirbt beides, das Schreiben wie das Denken.

Der Verrat am Denken liegt im Willen zum Gedanken, die Realität dieses Willens ist Philosophie als Profession. Professionalität heißt Herrschaft der Mittel über die Zwecke, heißt feistes Vertrauen in die Tauglichkeit der Mittel zum Selbstzweck. Im Falle des Denkens (wie auch des Schreibens – der Literatur, der Künste) ist diese Emanzipation der Mittel keine unendliche Geschichte, ganz im Gegenteil. Die welthistorische Episode, die von einer dienstbaren Vernunft und einer frommen Wahrheit reden machte, bleibt die unvergessliche Bedingung des professionellen Selbstzweck-Glaubens. Es ist der Glaube von frei- oder zumindest leergewordenen Christenköpfen, deren Denken durch die strenge Schule beweisbedürftiger Unglaublichkeiten ging; eine Jahrtausend-Schulung, durch die das beweistüchtige Denken so groß und der beweisbedürftige Glaube so klein wurde, dass das Denken zuletzt nur noch an sich selbst glauben konnte. Der Glaube des Denkens an sich selbst führt dazu, eine Wahrheit an sich, eine autonome Vernunft, eine permanent und professionell produzierende Philosophie anzubeten. Derlei Anbetung kann ihrer inneren Logik nach nur unendlich sein. Die Wissenschaft gewordene Philosophie, ähnlich den Technik gewordenen Künsten, produziert unendlich; was sie schafft, ist nicht mehr zu zerstören, sondern höchstens zu vergessen in seinem einst gewollten Sinn und Zweck. Doch selbst das Vergessen trägt bei zur unendlichen Produktion – in der unabschließbaren Folge der Renaissancen.

›Wahrheit an sich‹, als Kultur- und Gedankenspiel freigelassener Geistessklaven, befördert durch ihre gewollte Sachlichkeit aber auch einen dazu komplementären Ehrgeiz, der in der Regel ›der Persönlichkeit‹ gilt. Wahrheit an sich, Eigenrecht der intellektuellen Mittel (Kohärenzgläubigkeit, Konsequenzmacherei u. ä. als ›intellektuelle Redlichkeit‹), das alles ist ja Arbeit für ein unabsehbares Ziel, die Erfüllung, die man vielleicht nie kennenlernen wird. Sich selbst dagegen meint der geistige Arbeiter bestens zu kennen. Soviel ist da zu sagen, das, wie alles ›Persönliche‹, von selbst niemals zur Sache werden könnte – und das daher zum Bekenntnis werden muss! Der Drang oder Zwang zum Bekennertum hat seinen Platz ausschließlich unter Professionellen. Es gibt reichlich *Philosophen* bzw. *Geistesprofessionelle* mit dem Ehrgeiz, persönlich zu reden, es gibt keine in den persönlichen Ton fallenden *Denker*: Das Schicksal eines Denkers ist es, dass seine persönlichen Nöte und Vorurteile selbst es sind, die ihn auf seine Sache führen; eine Sache, von der er schließlich nicht mehr zu unterscheiden sein wird.

Die Sache der Professionellen hingegen fordert, die persönlichen Vorurteile und Absichten zu vergessen, so dass der Professionsphilosoph leicht glaubt, allein in diesen Vorurteilen und Absichten liege seine Persönlichkeit. Da er sich an seine Sache, die Sache der Philosophie – als Wissenschaft, Kulturverbesserung, Geschichtsvollendung im tätigen Geiste usw. – erst dann macht, wenn er sich frei von jeder Not fühlt, sprich: dafür angestellt und bezahlt ist, lernt er im Gegenzug an die inneren Notwendigkeiten seiner Persönlichkeit zu glauben, die gleichberechtigt neben jenen der großen Sache stehen. Seine inneren Notwendigkeiten – meist recht läppische Meinungen und Wünsche, dazu eine Handvoll Erlebnisse – sind durch keine professionelle Tätigkeit berührbar, sie bleiben, was sie sind. Die Hemmungslosigkeit und Blindwütigkeit im Bekennen stammen aus dieser Unschuld.

Nichts ist dafür so bezeichnend wie eine gewisse Schriftstellerei. Professionelle Philosophen sind berühmt dafür, besonders naiv gewisse Vorurteile wiederzugeben, die aus dem Bereich außerhalb ihrer Profession stammen. Zur Gedankenlosigkeit der professionellen Arbeit – Lehren und Forschen sind Wissenschaft und »Die Wissenschaft denkt nicht«! – kommt die Gedankenlosigkeit der vorübergehend arbeitsbefreiten Persönlichkeit, des schriftstellernden Professors. Meist träumt er von solchem Schreiben ja geradezu als von der Krone seines professionellen Daseins, ihm feierlich aufzusetzen in freier Stunde! Im Feiertagsgewand, mit Feierlichkeitsmiene greift der Professor zur Feder. Schreiben als Daseinsüberhöhung – welches sich selbst unproblematische Dasein strebt nicht danach? Und welcher Professor-Schriftsteller hätte erst lange an seiner Feder zu kauen gehabt? Die Gedankenlosigkeit der professionellen Sachbearbeitung wiederholt sich im ›Persönlichen‹, ebenso wie die Hemmungslosigkeit besagter Sachbearbeitung, denn weder ›beruflich‹ noch ›privat‹ – um den klassischen bürgerlichen Spaltsinn beim Namen zu nennen – spürt der Philosophieprofessionelle irgendein Hindernis.

Doch gilt es in seinem ungehinderten Schreiben zu trennen zwischen Gehalt und Attitüde. Die Attitüde ist die des endlich zur Arbeit befreiten Geistes – der Schreibduktus ahmt den verschwundenen Herrn oder die entlassenen Knechte nach: Professionsphilosophische Publikumstexte klingen entweder quasitheologisch, quasipädagogisch, quasijuristisch oder halbkünstlerisch, halbwissenschaftlich, halbpoetisch. Der Gehalt dagegen: ›Persönliches‹ in seiner Ungeschliffenheit, Meinungen und Vorstellungen jenseits aller Gedankenzucht; das Anonym-Allgemeine eines Lebensmilieus. Am liebsten jedoch: Anekdoten von dem, was einem Geist im Leben zustieß.

Wenn es nur die noch so rohe Erfahrung ›des Lebens‹, wenn es wenigstens das noch so begrenzte Wissen um ›das Milieu‹ wäre, was sich derart ausspricht! Doch es sind nur die Vorurteile des *professionellen* Milieus, eines Quasi-Lebens. Leicht sagen sie sich dahin. Die Philosophieprofessionellen leiden eben weder an sich selbst noch an irgendwelchen Sachen, professionelle und private Biographie laufen parallel und schneiden sich in keiner Unendlichkeit. Als Schriftsteller sind die Professionsphilosophen deshalb *ausschließlich* Bekenner. Bekenntniseifer signalisiert Verschontheit von Herausforderungen oder Widerständen, verspricht ungehemmten, unbedachten Ausfluss einer anonymen Substanz: Was die professionsphilosophischen Bekenner verströmen, ist das unpersönliche Wissen um die Bedingungen ihrer persönlichen Existenz als Philosophieprofessionelle, ein Wissen, das ihr Milieu latent und zugleich jederzeit abrufbar bereithält.

Wenn die Philosophieprofessionellen von der Welt außerhalb der Professionsphilosophie schreiben, dann immer aus einer – unreflektierten und unreflektierbaren – Verwunderung darüber, dass noch nicht alle Welt so sei wie sie selbst. Ob sie es wollen oder nicht, die Professionsphilosophen müssen daran glauben, dass Sein und Heil der Welt in deren Hinordnung aufs Milieu der professionellen Philosophie liege, auf dasjenige also, was durch nichts aus dieser Welt in Frage gestellt werden kann, weil es sich seine eigenen Fragen stellt und herstellt. Selten mit furcht-, fast immer mit bedeutungsbewusst bebender Stimme zeigen die philosophischen Schriftsteller sich so der gleichgültigen oder erstaunten Menschheit. Es ist die Freiheit ihres Bekennertums, was sie erzittern macht, der Reichtum eines Daseins, das niemals eine Antwort auf die Fragen der Welt bedeutet, sondern bestenfalls deren Vermehrung oder Verklärung. Je kühner ein Philosophieprofessioneller sich zu seiner Sonderexistenz, zu dem Eigenleben seines Milieus bekennt, desto sicherer ist er vor dem Zugriff oder gar Übergriff einer bedürftigen Welt.

Wenn diese wirklich einmal der Philosophen bedürfen sollte, dann würde sie kein Ohr haben dürfen für die Vermessenheit, die sich dort ausspricht. Gewiss ist eine Vermessenheit, die fast niemand wahrnimmt oder erkennt – weil sie der ›persönliche‹ Ausdruck von etwas Unpersönlichem ist – auch grotesk, ja lächerlich. Es ist lächerlich, wenn der Ehrgeiz einer Person darauf zielt, die Meinungen eines Allgemeinen, eines mit Universalienproduktion befassten Milieus auszudrücken. Die Lächerlichkeit des ›persönlich‹ schreibenden Philosophen, diese Parodie des ›überpersönlich‹ sprechenden Priesters, der in seiner Person die Gottheit angebetet sieht, bleibt als literarisches Kapital ungenutzt. Der professionelle Philosoph hält sich für den Herrn seiner Gedanken, die lediglich sprachlicher Einkleidung bedürfen; er steckt fest in dem stolzen Wissen, ein populär sprechender Spezialist zu sein.

Reden und Schreiben, Lesen und Forschen

In den Ursprungserzählungen professioneller Philosophie bildet die Differenz von Geschautem und Gehörtem, von mündlicher und schriftlicher Tradition beinahe das erste Wort, jedenfalls ein Dogma und fast immer eine Rechtfertigung: Die geistige Wachstumslogik sei unvermeidlich, sie gehe zurück auf ein Entgleiten unmittelbar anschaulicher und aussagbarer Gegenwart, die Sache der Philosophie habe somit zu Kreditierung, Verweisung, symbolischem Tun werden müssen, ein Fortschritt innerhalb des Feststehenden. Was feststehe, die Sache der Philosophie, ließe sich wiederum nicht mit einem Blick erfassen noch in ein Wort zwingen, sondern nur in solchen Wörtern festhalten, aus denen weitere Wörter folgen; hierfür seien Bücher, abgesteckte Räume zu ihrer Produktion und überhaupt allerlei äußere Garantien erforderlich …

Bliebe es hierbei, so wäre kein Unterschied zwischen der philosophischen Dauerproduktivität und der klösterlich-abgeschiedenen, mönchisch-schweigsamen Überlieferung des offenbarten Wortes, das im Kritzeln der Federn forthallt; das *eine* Wort setzte sich dann nur in zahlreich und schließlich unzählbar gewordenen, gegen den Verfall ihrer Medien kämpfenden Abschriften fort. In der den Klöstern entwachsenen, eine Weltstellung beanspruchenden professionellen Philosophie steht das Wort aber nicht nur am Anfang, sondern auch am Ende: im Gespräch über Geschriebenes. Philosophen haben, seit Aufkommen des industrieproduktiven Weltalters, einander nichts zu sagen, wenn sie nicht von ›philosophischen Texten‹ sprechen können, auch wo diese selbst nur wieder in aktenkundig gemachten Gesprächen, in Gesprächsakten gewissermaßen, bestehen. Man lausche in eine x-beliebige philosophische Diskussion und frage sich dann, was davon bliebe, wo nicht die Meinung des Klassikers, das Buch des Kollegen ihr in stummer Gegenwart präsidierte! Das der Profession und Progression überantwortete Schreiben entspricht einem von Sachen gelösten Sprechen. Das Sprechen, als Rede zu mehreren, ist aber oder soll sein: Gespräch; man träfe einander nicht, wo keine Gegenwart der Sache glaubhaft wäre, worüber es geht.

Die Glaubhaftigkeit der Sache, der Ernst des Referentiellen! Kann es ihn unter industriellen Produktionsbedingungen noch geben? Industriell produzieren heißt, etwas jenseits der Not des Augenblicks herstellen. Das ›philosophische Gespräch‹ ist ohne augenblickliche Not, ist aber doch angewiesen auf den Anker des Ernstes; es hat ihn am schon Geschriebenen, indem es dieses referiert, Meinungen darüber hin- und hergehen lässt. Dieses Hin und Her ist vom spontanen, aus der Überraschung und Freude des Wortwitzes geborenen Wechselgespräch ebenso weit entfernt wie von der Befriedigung, die ein Abarbeiten benennbarer Not verschafft. Gewiss können diese beiden Möglichkeiten – die sachbefreite Unterhaltung und die sachgebundene Erörterung – als Vorbilder des philosophischen Fachgespräches dienen, das seinerseits jedoch nichts davon ist. Seinen Daseinsgrund findet das Fachgespräch anderswo. Es ist unvermeidlich zweitrangig, freundlicher: höherstufig, ähnelt darin der schriftstellerischen Produktion von Philosophie, nach der fast alle ihre bestallten Profis – die Professoren also – schielen und seufzen. Auch diese Produktion käme nicht voran, wenn das dort gepflegte schwere, Sach-Ernst bekundende Wort nicht gerade dasjenige wäre, was Leichtigkeit, Fortschritt, Redefreiheit in einem Zurücklassen des Schweren verspräche, in Überwindungen durch unbeschwerte Meta-Reden. In ihrer Struktur gleicht die professionsphilosophische Rede dem professionsphilosophischen Schreiben. Beides müsste, wenn es sich um Lebensalternativen handeln sollte, zueinander in Konkurrenz treten und könnte einander nicht zum Anlass und zur Rechtfertigung nehmen: *entweder* Schriftsteller *oder* Rhetor. Genau dies schließt Philosophie als Profession aus. ›Lehre und Forschung‹ ist der Titel einer sich scheinbar selbst erzeugenden Produktivität.

Der Wille zum Werk

An den Menschen, die der Ehrgeiz befeuert, ein Werk zu schaffen, fällt eine ungewöhnliche Gemütsruhe, eine Seelengesundheit auf. Keine Frage, diese Willenskräftigen fühlen sich pudelwohl in dem, was sie sind und zu können meinen; sie sind überhaupt alles geworden, was sie sein konnten, aus dieser Deckungsgleichheit von Sein und Können resultiert ja der Ehrgeiz, etwas mehr zu sein, als es Welt und Leben erfordern, eben im Werk.
Dieser Wille zum Werk muss all jenen rätselhaft bleiben, deren Willenskraft sich in der bloßen Erhaltung ihres Daseins erschöpft, das sie vielleicht vom falschen Ende her angefasst haben, nämlich aus der Selbstverständlichkeit irgendeiner geistigen oder künstlerischen ›Produktion‹. Geborene oder gedrillte Produzenten: Den behäbigen Werk-Wunsch der Rundumzufriedenen betrachten sie mit dem gehetzten Blick der Berufskreativität, mit frivoler Missgunst auch ob der unerreichbaren Einfalt solches Wünschens. Wer sich diese professionelle Perspektive auf die Freizeit- und Überflussschöpfer zu eigen macht, der wird allerdings nie an das Geheimnis des *Ursprungs* rühren, an die Frage: Wie konnte das runde, plumpe, geschlossene An-und-für-sich der rundum verwirklichten Möglichkeiten, der allseits gesättigten Existenz, sich als schöpferisch auch nur *missverstehen*? Wie konnten Funktionsträger aus der stummen Welt des Ernstes, vor allem: des ›objektiven Geistes‹ ökonomischer, wissenschaftlicher, technologischer und weiterer Wichtigkeiten,

ins Reich der ›Kreativität‹ und damit potentieller Lächerlichkeit vorstoßen, dieser ersten Evidenz für eine schwankende Unschuld? Wie konnten Geistesprofessionelle ernsthaft an eine Arbeit des Geistes jenseits von Not und Notwendigkeiten glauben, die ohne alle Lächerlichkeit sei? Es ist nicht weniger als die Frage danach, wie der Geist, der doch für sich nichts ist noch kann, vom Traumzustand der Selbstzufriedenheit abfiel und Schöpfer werden wollte. Die Wünscher und Woller von Werken sind in der Situation dieses Geistes, der sich vorerst nur als Verirrung des Lebens, der Materie, der Vernunft oder überhaupt irgendeines selbstgenügsamen Seins darstellt. Sie haben diesem Sein allerlei Regelhaftigkeiten – Strukturen, Gesetze – abgeschaut und träumen nun davon, kraft des Gesehenen, der Erinnerung und der Nachahmung, mit dem ›Werk‹ einen Luxus des Seins – eben: Geist – in die Welt setzen zu können. Unwillkürlich bezeugt die *Willkür ihres Wollens* – Ehrgeiz ist nichts anderes! – das Daseinsgesetz des Geistes, nicht aus eigenen Kräften wirken zu können; so müssen sie sich nicht nur ein Werk, sondern auch die Kraft dazu wünschen, die Spannung, die sie aus dem gewohnten Sein herausreißt und desto glorreicher dort wieder einkehren lässt. Doch eine Schöpfung lässt sich nicht nachahmen, schon gar nicht durch Geschöpfe; nachahmen lässt sich nur deren Versuch, in den entschwindenden Grund ihres Daseins wieder einzukehren. Das ahmen die ›schöpferischen Tätigkeiten‹ nach, die das Haschen nach einer Welt sind, worin sie entbehrlich wären, die also zu Monumenten eines ›originellen‹ Geistes gerade durch die Unmöglichkeit werden, in einer wahrscheinlich ganz geistlosen Welt zu verschwinden. Die geistigen Schöpfungen: zu lehrbaren Materien gewordene Einsprüche gegen den Zwang, als Geist nur in Differenz zum Sein (wie dies auch jeweils heiße) existieren zu können. Die *Schöpfungswilligen*, das ist nun zu sehen, wollen es gerade umgekehrt: aus der Souveränität ihres verbürgten und gesicherten Eigenlebens in ein überlebensgroßes Ganzes eindringen, das allen und keinem gehört, dort auffällig werden mit originell fixierter Abweichung und bereichert von diesem Ausgang heimkehren, ins Geregelte und Greifbare.

Gefährlich denken

Einen philosophischen, das heißt von Philosophen gefertigten Gedanken erkennt man daran, dass er nicht in die Alternative von wahr und falsch passt – der philosophische Gedanke ist entweder falsch oder trivial. Er drückt die Situation von Menschen aus, die sich dem Maßstab der Bedeutung unterwerfen, die in und für Gedanken leben wollen, das heißt, die Gedankenreiche entwerfen oder eine Existenz von Gnaden des Gedankens behaupten müssen ... die also irgendwie Denken und Dasein durcheinanderbringen. Das Volk und die Gelehrten, die Mächtigen wie die Ohnmächtigen der Welt sprechen vom ›Räsonieren‹, wenn sie diese Konfusion im Auge haben. Wie der philosophische Gedanke entweder falsch oder trivial, ist die räsonierende Daseinsform gefährlich oder lächerlich. Beides deutet auf ein gestörtes Verhältnis zwischen Dasein und Denken, das nun aber selbst wieder Daseinsform werden kann und zu denken gibt – die Räsoneure, die fürs Denken da sein wollen, werden verplant oder verfolgt innerhalb anderer Daseinsordnungen, man macht sich also Gedanken über sie usw. usf. Gefährlich wirkt alles Denken, das ins Dasein schneidet, mithin letztlich eine Angewiesenheit des Daseins aufs Denken. Man kann nichts anderes als das und kann nicht anders sein, man wird sich oder anderen gefährlich dadurch – manchmal auch nützlich. Der Nutzen des Räsoneurs liegt in der Ausschließlichkeit, mit der er als Gedankenmacher existieren will oder gar nicht. Wenn er das länger als einen Moment wollen kann, muss er sich ja schon nützlich gemacht, das heißt irgendwo einschoben haben in Nutzbarkeitsgefüge. Je gefährdeter sein Dasein in solchen Gefügen – sie bleiben oder verschwinden je mitsamt seinesgleichen –, desto harmloser sein Denken, denn es verliert an eigenem Dasein ... es verliert letztlich die Merkmale des Denkens. Es wirkt lächerlich in seiner Nützlichkeit, die sich Denken nennen und als gedankenfreies Dasein verstehen muss. Der Räsoneur ist zum Funktionär geworden, der anderen gefährlich werden kann, allerdings nicht mit Gedanken. Sofern er dies vorgibt, wirkt er lächerlich – sein eigenes Dasein im funktionalen Zusammenhang ist so banal wie jeder seiner Gedanken gegenüber dem Dasein. Banalität ist auch der erste Eindruck, den das Denken des nicht-funktionierenden Daseins, eines Räsoneurs aus eigener Herrlichkeit, bietet. Dieses Dasein ist gesichert, noch ehe es sich irgendwo einfügen musste; wenn seine Sicherheit aus einer Einfügung stammt, dann jedenfalls nicht aus einer gedanklichen. Sein Denken ist ein Luxus, und sein lächerlicher Charakter gründet in der Prätention der Nützlichkeit. Da Nützlichkeit nicht im gedanklichen Zusammenhang zu finden ist, muss es sich um das Dasein des Räsoneurs selbst handeln: sein Denken sei, was sein Dasein zur Nützlichkeit veredle, meint er. Die Lächerlichkeit ist hier gleichbedeutend mit Ungefährlichkeit, der Räsoneur auf eigene Faust kann eine Dummheit oder eine Weisheit auf die nächste türmen, ohne dabei Entbehrung zu leiden oder Schaden zu nehmen. Wenn aber das, was er denkt, nichts mit seinem Dasein zu tun haben muss, so kann es auf andere Art umso gefährlicher werden: er beginnt sich mit daseinsneutraler, dadurch aber Zusammenhänge anders ordnender Mythologie, Metaphysik usw. zu beschäftigen, er wird ein Müller, der über den Käse und die Würmer als kosmogonisches Gleichnis räsoniert, ein in allem Übrigen gutgestelltes Bäuerlein, das heimlich die gottlosen Alten liest und zum Atheisten des Dorfes mutiert, ein Schuster mit Privattheologie und anderes mehr. So einer räsoniert von einer Ordnung der Dinge, worin die bestehende nur ein Vorkommnis unter anderen, gegründet auf einen eigenartigen, keinesfalls absoluten Gedanken ist; so ein Räsoneur nimmt die ihm drohende Ketzerverbrennung wie ein Gedankenspiel. Er räsoniert sich um Kopf und Kragen, hat sich irgendwann nutzlos ums Dasein gebracht und begründet so seinen Nutzen für die Funktionäre jener gottlosen Zusammenhänge, die er in Gedanken vorwegnahm; er wird ein Idol des respektlosen Geistes, ein Säulenheiliger der Ketzerei.

Probleme und Nöte

Mit Recht heißt es: Jeder Denker hat seinen Gedanken oder gar: denkt seinen Gedanken – und nicht etwa ein *Problem*. Die Sehnsucht nach Problemen charakterisiert den *Philosophen* oder den Wunsch, einer zu werden. Diese Sehnsucht wirkt auf den ersten Blick derart absonderlich, dass man sich fragen könnte, warum dies bei der Monomanie des Denkers anders ist. Vermutlich, weil es eine echte Not ist, die den Festbiss in *einem* Gedanken erzwingt; auch eine wahre Unschuld liegt darin. Der Denker hat eben seine Not wie andere Leute auch; das Wunderbare ist, dass es ein Gedanke, eine schon etwas zugerichtete Not ist, was ihm zu schaffen macht. Seine Unschuld oder besser Lauterkeit bekundet sich gerade in dem Talent, an solchen Kompliziertheiten, ja Hirngespinsten zu leiden, ohne Rücksicht auf die Zusammenhänge, in denen sie verwaltet werden. Die gelehrten Institutionen sind für den Denker allenfalls eine Gelegenheit, seine Not notdürftig zu installieren, ein wenig abzuladen von der bestimmbaren, kleinzudenkenden Not, damit ihm Überwältigung und damit Erlösung durch eine größere, weil unbestimmte winke. Der Denker weiß, dass er nach Welt-Maßstäben ein Versager ist, sein Minimum an Weltklugheit besteht darin, ein wenig von den Früchten seines Versagens, das heißt seinen Gedanken, den Institutionen überlassen, damit er frei werde für noch umfassenderes Versagen. Freiheit kennt ein Philosoph dagegen nur vom Hörensagen, ihn drängt alles, an den richtigen

Nöten zu leiden. Darum sieht er sich beizeiten nach Problemen um, das sind Nöte, die ihre eigenen Notwendigkeiten haben, also eines denkenden Kopfes, gar eines gedanklich leidenden, gar nicht bedürfen. Man erkennt Philosophen an dem Eifer, sich in Notlagen zu bringen, und dem Misserfolg, den sie dabei erleiden: sie bleiben immer im Sicheren hängen, auf den höchsten Ästen und Stühlen der Notlosigkeit, dort, wo auch die Probleme reiften.

Gedankenleere und Gefühlsreichtum

Gedankenlosigkeit als Makel: Das professionsphilosophische Gemüt hegt eine spezifische Form der Leere, es hält einen Raum in sich frei, der nur mit Gedanken zu füllen ist und mit nichts sonst. Das Fehlen von Gedanken hat freilich noch niemanden geschmerzt. Wie sollte es das auch? Der Gedanke hat üblicherweise ja an der Zeitneutralität des Denkens teil, das seinen Sachen in einer Unverzüglichkeit zugewandt ist, die mit ›Gegenwart‹ schon recht zweideutig umschrieben wäre. Aber nenne man es ruhig Gegenwart, worin das Denken mit seinen Sachen zugleich auftaucht und verschwindet – dann wäre der Gedanke diese Zeitlosigkeit des Denkens, in einer Erinnerung der Situation nämlich, wo gedacht werden musste. Gedanken sind Situationen, die sich als ganze darstellen, jenseits des Zwangs zur Stellungnahme, die von der Gegenwart ausgeht, Gedanken sind zwanglose, also bezwingbare Erinnerungen. Ein Gedanke vergisst sich darum manchmal, denn er ist in sich selbst weder durch die Kraft des Denkens noch die Dauer der Sachen bzw. der Nöte an die Gegenwart gebunden; der Gedanke ist ein Denken, das mit seinen Anlässen gleichzeitig ist und also auch wiederkehrt. Man wird vielleicht gewisse Dinge in der Welt oder auch eine gewisse Kraft des Denkens sich herbei- oder zurückwünschen. Wie sollte man aber *nach Gedanken verlangen*? Nur als Philosoph! Während im nicht-philosophischen, sozusagen gedankenvergessenen Denken der Gedanke eine Art Kürzel der Situation darstellt, die vom Denken und seinen Dingen vollständig erfüllt ist, erlebt der Philosoph Situationen, worin ihm der Gedanke fehlt. Die Gedankenleere ist Ausdruck einer Gemütsbeschaffenheit, in der etwas, was sonst mit nichts zusammenhängt, weil es die Form und Formel des Zusammenhangs selbst ist, plötzlich fühlbar sein soll ... der Philosoph *hängt an* Gedanken, andere Menschen *hängen* ihnen höchstens, hin und wieder, *nach*. Für die philosophische Gedankenanhänglichkeit bedurfte es einer besonderen Zurichtung der

Leere. Leere schmerzt als gestörte Fülle, Dichte, Kompaktheit, das heißt als Mangel, Riss oder Druck, derlei Schmerzen machen überhaupt erst aufmerksam auf das Phänomen Leere. Dem Philosophen sind solche Schmerzen unbekannt, im Gegenteil: er fühlt die Leere, ohne dass sie ein Schmerz wäre. Er fühlt Gedankenleere, Gedankenlosigkeit, denn er hat den Gedanken eine Leere in sich reserviert, die jene füllen sollen. Dass den Philosophen die Gedankenlosigkeit schmerzt, wie jeden, der nicht aus der Not, sondern aus der Notlosigkeit (Langeweile) heraus zu fühlen beginnt, ist verständlich; schwieriger zu sagen ist, was etwas Unfühlbares wie Gedanken, noch dazu als abwesende, überhaupt fühlbar macht. Eine positive Beschreibung und Erkundung des Lochs, das sich der Philosoph da in seinem Gemüt geschaffen hat, scheint ausgeschlossen; wie andere Löcher erhält auch dieses seine Bedeutung durch das, worin es gebildet wird. Wir sagten: es sei kein Mangel, Verlust oder ähnliches, was im Philosophen jene Leere klaffen lasse, worin Gedanken ihren Platz finden können. Was aber ist es dann? Was diese Leere umgibt, muss eine eigentümliche Fülle, einen abnormen Reichtum haben: die Gefühle, überhaupt das Sensorium des Philosophen müssen von einer Überentwickeltheit sein, die ihm Gedanken entbehrlich werden lässt. Mit anderen Worten: Der Philosoph verfügt über einen emotionalen Reichtum, der auch in der Gedankenlosigkeit bestehen kann. Das sinnliche und affektive Leben des Philosophen erscheint demnach als eine von Gedanken ganz und gar entleerte Existenz. Man darf dies nicht auf die sprichwörtliche Weltfremdheit des Philosophen beschränken wollen, die ja übrigens das elementarste und umfassende Wunder eines Daseinkönnens in der Welt ohne gedanklichen Bezug auf diese Welt darstellt. Weltfremdheit ist ein Phänomen, das nur auf negativem Wege und in seltenen Augenblicken die Gedankenfreiheit philosophischen Daseins erhellt. In der Weltfremdheit ist der Philosoph auch gar nicht so sehr Philosoph als vielmehr der typische Mensch, denn so nennt man alles Dasein, das durch Gefühle hinreichend gebunden ist in der Welt, um in ihr eine eigene, zweite, z. B. rein gedankliche auszubilden. Was also ist der positive Ausdruck einer Daseinsform, worin Gedankenlosigkeit zur Gefühlstatsache werden kann?

Niemand geht in historischen, politischen, kulturellen, ästhetischen Urteilen so häufig fehl wie ein Philosoph. Die Urteilsschwäche der Philosophen in allem Nichtphilosophischen wäre aber als Gedankenlosigkeit nur sehr ungenau bezeichnet; vielmehr ist es Gedankenfreiheit und eigentlich Gefühlsreichtum, eine vom Denken emanzipierte Emotionalität. Das Urteilen der Philosophen über all jene Dinge, die nicht im Zusammenhang der Gedanken stehen, verrät eine besondere Kraft, der darum nicht zufällig eine ganz ›Kritik‹ gewidmet worden ist: die *Urteilskraft* der Philosophen ist eine Affektstärke, ein Gefühlsreichtum, der den ganzen Reichtum des Gedankens tragen bzw. seinen Mangel ersetzen kann. Nähme man die Bekundungen der philosophischen Affektivität als Gedanken, dann erwiesen sie sich als Fehlurteile. Diese Aussagen gehen zuverlässig ›daneben‹, hängen mit nichts zusammen – eben weil die Gedanken der Philosophen nur einen eigenen Zusammenhang bilden können, wofür ihre Gemüter reichlich Leere bereitstellten. Doch die Fehltritte und Ungeschicklichkeiten in den philosophischen Urteilen über die Welt erscheinen sofort in anderem, nämlich ihrem eigenen Licht, wenn man sie als Mitteilungen über die philosophische Existenz in der Welt zu lesen weiß: Der Philosoph ist einer, der durch keinen Gedanken mit dieser Welt zusammenhängt, seine Urteile über diese können also nur reine Affekte, also Ausdruck – nicht Aussage! – der Gedankenlosigkeit sein. Die Gedanken, die ein Philosoph *sich macht* und für die er sich frei (leer) hält, bringen die Weltdinge in eine Zeit jenseits der affektiven Gegenwart, in die Dauer von metaphysischen Ideen, von Hypothesen, Problemen und dergleichen, wo eines das andere ergibt und wo nichts, wo es einmal erschienen ist, noch ein Ereignis und unvorhersehbar heißen darf. Diese Gedanken hängen mit der Welt nicht zusammen, die sich darum auch nicht in ihnen wiedererkennt. Die Welt erkennt sich nur in der Affektivität der Philosophen wieder, die gedankenfrei ist; die Philosophen erscheinen so als Fachleute für Affekte, die ins Extrem getrieben, weil durch kein Nachdenken und Vorsehen gemäßigt sind. Nicht grundlos umgibt jeden Extremisten eines bestimmten Affekts – den Repräsentanten einer Schrulle, einer Macke, einer Grille – die Aura des Philosophischen. Philosophisch wirken stets *die* Affekte, die mit nichts anderem zusammenhängen und dadurch reinen Willkürakten gleichen, worunter auch die willkürliche Zuwendung zum rein Gedanklichen fallen mag. Die Philosophen sind die gedankenlos Gefühlshaften dieser Welt; in ihrer Gedankenversessenheit lassen die Philosophen gewisse Gefühlsregungen zu einer Einseitigkeit aufblühen wie niemand sonst; als Affekttäter ausgewählter Gedankenmacken stehen sie der Welt vor Augen, zur Anschauung und Belehrung und Nachahmung.

Professionsphilosophie

Die Frage, was den Fortbestand oder die Fort- oder Höherentwicklung der Philosophie sichern könne, mag einem philosophiefrommen Gemüt entspringen – sie ist aber eigentlich geistfremd und sogar geistesverwirrend. Selbst Schopenhauers Kritik der Professorenphilosophie vergreift sich in dieser Hinsicht. Sie bleibt wie selbstverständlich an dem allzu voraussetzungsvollen Begriff ›Philosophie‹ kleben, eine Selbstverständlichkeit, die nur für den eine ist, der wie Schopenhauer eine gewisse Philosophie zu ›haben‹ meint. Geistigkeit, kürzer: Geist erblüht jedoch aus einer anderen Situation – seine Entstehung muss überhaupt nicht an das Wissen geknüpft sein, was er will, wie z. B. ›Philosophie sein‹. Was Schopenhauer *Über die Universitätsphilosophie* vorträgt, sind Beobachtungen, die wohl jeder einmal an besagtem Philosophentypus machen konnte: dass er seinen Ernst in der Regel woanders hat als in dem, womit er sein Leben unterhält. Der Universitätsphilosoph also als ein Geistesarbeiter, der die Rahmenbedingungen des Geistigen und die Grundsicherungen des Lebens ungewöhnlich ernst nimmt – so ernst, dass ihnen unmöglich noch ein geistiger Inhalt gleicher Größe entsprechen kann. Weder aber reicht eine universitäre Anstellung bereits dafür hin, Unsinn oder Trivialitäten zu produzieren, wie Schopenhauer den Tagesgrößen der Zunft vorhält, noch verweist derartige Produktion zwingend auf eine solche Anstellung. Noch schließlich ist die materielle Grundsicherung außerhalb der Philosophie, wie von Schopenhauer empfohlen, also die Rente, Sinekure, Apanage, auch nur eine notwendige Bedingung für ›philosophische Leistungen‹; Schopenhauer selbst nennt ja die Beispiele von welchen, die *für* die Philosophie lebten statt *von* ihr, die Armgebliebenen, Ausgesonderten, Verkannten, Vergessenen usw. Als gescheiterter Universitätsdozent wusste Schopenhauer immerhin, was er sein wollte, nämlich philosophischer *Schriftsteller*; in einer solchen Existenz ist seinerseits ein Moment der Versündigung am Geiste: das willkürliche Festhalten der Daseinsbedingungen, sprich, des Schreibtischquadrats, der ewig besorgte Blick auf den Faktensockel der Idee.

Kierkegaard hatte das gesehen, als er bekannte, an seiner Schriftstellerexistenz seien zwei Dinge schuld gewesen: seine Melancholie und sein Geld. Geld (in ausreichender Menge) erzeugt eine Melancholie, die zu einer unabschließbaren Selbstrechtfertigung des Daseins führt, zur niemals konstruktiven, immer untergrabend-grundlegungssüchtigen Geistestätigkeit. Das Verhältnis ihrer Produkte zu deren Bedingungen kann nie anders als indirekt sein. Geist entsteht hier selbst als Paradoxie, als nie abschließbares Bedenken des Verhältnisses seiner selbst zu etwas, das nicht Geist ist. Es macht einen solcherart um sich wissenden Geist nervös, wenn er daran denken soll, wie er sein Dasein dem Denken am förderlichsten gestalte. Noch Sartre gehört in diese Kierkegaard-Linie des unermüdlichen Skrupels und zugleich der bodenlosen Freiheitssucht, wenn er sein Grauen bekundet angesichts der Vorstellung, hinter seinem Rücken, seinem Schreibstuhl gingen Frau und Kinder auf Zehenspitzen, damit er ungestört denke und schreibe.

Kierkegaard hatte von sich gesagt, er habe nach der Idee gesucht, für die man leben und sterben könne, und er habe sie in der Universitäts-, der Professionsphilosophie nicht gefunden. Was hätte das für eine Idee sein können? Schopenhauer hätte es zu sagen gewusst, doch sein Dasein wäre ihm nicht derart zum Problem und zur Paradoxie geworden; es war noch ganz alteuropäisch-aristotelisch gegliedert in faktischen Unterbau und ideellen Höhenflug, der niemals ein Flug ins Leere niemals sein wird für einen, der an eine Präexistenz von Ideen glaubt. Das ist für die Professionsphilosophiekritiker seit Kierkegaard anders. Hier strebt nicht ein Geist durch allerlei Hindernisse zur Idee, hier ringt ein Bewusstsein mit sich selbst, mit seiner Natur, zu der das pure Sein nicht zu gehören scheint. Geist, hier also eigentlich Bewusstsein, zehrt existentiell wie essentiell stets an etwas, das nicht Geist ist, das Geistige scheint unvermeidlich parasitär. In dem Verzicht darauf, das Verzehrte zu rekonstruieren, zu vergelten nach Maßstäben des Guten, Nützlichen, Moralischen usw. liegt der Stolz des Geistes. Man kann so auch Professor sein, Empfänger eines Gehaltes, und dadurch Dinge treiben, von denen Professoren üblicherweise nur träumen. Nietzsches Fall: eine hektische, sich selbst immer mehr anheizende Schreibwut, wie sie einem Feuilletonisten zukäme, doch auf der Basis garantierten Gehaltszugangs. Nietzsche hat nicht mehr so ganz, wie noch Schopenhauer, an die Philosophie geglaubt, dafür jedoch an den Geist, den freien Geist, seine Ehre jenseits der Verantwortung, die Verbindlichkeit in der Unverbindlichkeit.

Von dieser Befangenheit aus dem Glauben, ein freier Geist zu sein können oder wenigstens zu sollen, zeigte sich erst Nietzsches Apostat und Anatom Cioran völlig frei. Der ärmlich lebende Mann hatte erkannt, dass dem Glauben an Ideen und ihre Kohärenz eine Daseinsart entspricht, die deren Entdeckung und Ausarbeitung verlangt: die des Professors, welcher damit vom Philosophen gar nicht mehr zu unterscheiden ist. Im Unterschied zu Heidegger, für den auch ein Denker ein Professor sein konnte, bestand Cioran auf der Kluft zwischen Denken und Philosophieren, vielleicht, weil ihm die ›Sache des Denkens‹ noch undefinierbarer erschien als seinem älteren Zeitgenossen das Sein des Seienden. »Die Philosophen schreiben für die Professoren, die Denker für die Schriftsteller«: Man kann nicht denken *wollen*, man kann guten Gewissens nicht *vorsätzlich* Philosoph sein … es sei denn, man glaubt an eine Professoralität des Geistes selbst. Cioran lieferte die Lebensprobe auf solche Indirektheit der Verhältnisse, wenn er den Habitus des werdenden Berufsphilosophen zeitweilig imitierte, um nur in die Hauptstadt der entgrenzten Geistigkeit und der verpfuschten Existenzen zu kommen. Als Stipendiat des Französischen Instituts hatte er vorgegeben, in Paris eine Doktorarbeit schreiben und sich also in Hör- und Lesesälen umtun zu wollen, er tat sich statt dessen per Rad und Fuß im Lande um und rollte nicht Enzyklopädien, sondern Zigarettenpapier … um rauchend ins Gras zu fallen und die Gedanken steigen zu lassen.

Professorengeist

Die neuzeitliche Spötterei über die Professionsphilosophie entzündet sich an der professoralen Befugnis, zu sprechen *und* zu schreiben, an der professoralen Obsession, Lehrer von Gedachtem *und* Schöpfer von Gedanken zu sein. Das Misstrauen der Spötter ist zumeist das Misstrauen von Schriftstellern, von Leuten also, die ausschließlich auf die monologische, zugleich aber nichtmündliche Mitteilung verwiesen sind. Ihren aggressivsten Ausdruck findet diese Existenzform bei Schopenhauer, noch während der Frühzeit einer neuhumanistischen, dem modernen Erziehungs- und Produktionsideal des Geistes verpflichteten Universität. Dem kontemplativen Geist muss sie als Ort erscheinen, an dem die Idee und ihre Ordnung verraten und verkauft sind. Auf nicht-staatlich gesicherter Basis nicht-soziale Entitäten, die Ideen, entdecken und aufschreiben – in dieser Schrumpfvariante des Platonismus hatte sich in Schopenhauer das Geniebewusstsein zugleich das gute Gewissen höchster Sachlichkeit gesichert. Je *ein* Geist schaut *seine* Sache, die Idee: Das Zyklopen- und Idiotentum der einsamen Schau bleibt auch nachfolgenden Einsamen und Außenseitern des akademischen Betriebs vorbehalten, mit dem Unterschied freilich, dass die Beschwörung einer ›Idee der Philosophie‹, eines ›metaphysischen Bedürfnisses‹ und dergleichen immer entbehrlicher scheint. Das alles wird zur Sache des Professorengeistes, dem man sie willig überlässt. Man tut dies in dem Bewusstsein, mit der einsam dem Schauen verpflichteten eine wahrhaftigere, vollständigere Existenz zu führen. Durch die neuhumanistische Zwangsvorstellung, der Lehrer müsse auch ein Schaffender, der öffentlich Sprechende auch ein höchstpersönlich Denkender sein, scheint der Professionsphilosoph in der Bredouille: Entweder er treibt seinen persönlichen Ehrgeiz so weit, dass er sich als Forscher in den unpersönlichsten Sachen verliert, für die ihm allenfalls der symbolische Ruhm des Kollegenlobs winkt (gefangen in *ihren* Spezialitäten, *ahnen* die Kollegen bestenfalls, wohin er entschwand). Oder er opfert die Sachqualität des Denkens seiner Gesprächsqualität, versteht sich als Gleicher unter Gleichen im endlosen Parlando, schiffend auf künstlichen Teichen, kauernd auf englischem Rasen rings um einschlägige Kollegien; Diskussionen vom Morgen bis zum Abend; durch soziale Haltlosigkeit für alle Sachen frei, frei aber eben auch *von* allen Sachen ...

Die platonische Direktverbindung des einsamen Denkers zum Gedanken gerät angesichts all dessen beinahe zum Gegenprogramm der akademischen Philosophie, sprich: des professoralen Geistes. Dieser scheint stets auf das Dilemma einer Freiheit oder einer Faktizität zu treiben, die mit der ›Natur‹ des Geistes, keine fixierbare Natur zu sein noch zu haben, unvereinbar ist. In der ›geisteswissenschaftlichen‹ Forschung werden ideal präformierte Geisteseinheiten (Wesenheiten, Bedeutungen, Qualitäten) gesetzt, postuliert, vermeint, deren Beschaffenheit zu erkunden und im Zusammenhang mitzuteilen ist; überall bieten sich dem professionellen Forschen präexistierende Reihen von möglichen Sachen, die in eben dieser Präexistenz ohne sozialen und persönlichen Bezug bleiben müssen. In der philosophischen Lehre, in ihrer komfortabelsten, abgesicherten Form, nämlich dem Aussetzen bzw. Einklammern aller ›natürlichen‹ Bindungen und Bestimmungen, entsteht dagegen eine allzu freie Scheingemeinschaftlichkeit, der Dialog ohne Sache, das Gespräch ohne Anlass – jene jünglings- und knabenhaften, später auch jung- und altmädchenhaften Geschwätzigkeiten, die über ihre Anlässe frei verfügen. Professorengeist, der Geist von Lehren und Forschen, gebietet über unbegrenzte Reichtümer – jede und jeder kann hier mittun. Wer sollte das noch wollen?

Auf Reisen

Reisen verdummt, jedenfalls in vorgeschrittenem Alter: man muss seine Gedanken beieinander halten, darf sich nicht Erfahrungen so einfach aussetzen. Denn man ist schon wer: man steht für sich selbst oder im Dienst. Die Abträglichkeit des Reisens ist bei niemandem so evident wie beim Dienstreisenden der Ideen, dem Kongressreisenden der Philosophie. Was ihn in die Ferne ruft, muss zu Hause erdacht worden sein, man verlangt dort, in der Fremde, nach dem Einleuchtenden im Gewande des Überraschenden, nach dem sich selbstverständlichen Exotentum. Der Kongressreisende weiß das oder spürt es zumindest. Was er in sich trägt, darf unterwegs nicht verloren gehen, schon ein kleiner Plausch der Mitreisenden, an dem er gar nicht beteiligt zu sein braucht, kann das wohlverschnürte Bündel seiner Gedanken gefährlich lockern, kann einige Ideen mit einmischen, die nicht seine ›persönlichen‹ sind – jene als fremd in der Fremde begehrten. Damit soll nicht gesagt sein, dass so ein Ideenreisender gar kein Ohr mehr hat für das, was ihn unterwegs, als Weltgeräusch, umgibt; nur wird er trachten, es sogleich ins glänzende Wort umzumünzen, in die Anekdote (von den Äußerlichkeiten, den Sonderbarkeiten, Umständen, Anlässen, Widerfahrnissen einer Gedankenexistenz), womit so ein Herbeigerufener gewöhnlich seinen Kongressvortrag eröffnet. Der kurze, trockene Witz benötigt Raunen und unterdrücktes Kichern als Geräuschbühne – für die atemlose Stille, die dann jeden Schritt des eigentlichen Gedankens umgibt, der im Idealfall frisch und munter aus seinem Behältnis sprang …

Reisen verdummt und macht träge, wie jede Bewegung ohne Veränderung. Eben das sind ja die Kongressreisenden: bewegte Körper mit unbeweglichen Seelen – opak gegen Licht, Schatten, Stimmen; reisende Behältnisse heimgefertigter Ideen. Das Memorieren, Ausbessern, Kürzen und Weitern des Heimgefertigten bis zur letzten Minute ändert daran nichts. Was die Kongressfahrer von einer solchen Reise mitbringen, nachdem sie sich entleerten in der Fremde, ist keine fremde Fülle, sondern ein Kranz von Drolligem, Wunderlichem, aber letztlich Beliebigem, der sich bunt und verträglich um ihr Gedankengehäuse rankt; lauter Eindrücke, die nicht einmal, da untereinander inkompatibel, ein Rumoren entfachen, sondern die reibungslos in den kongressreisenden Kopf gleiten, weil dessen Hauptinhalt *in gar keinem Verhältnis* zu irgendetwas Hör- oder Sichtbarem stehen kann und also auch in gar keinem Missverhältnis. Je mehr aber einer zu erzählen weiß, ohne darüber nachdenken zu müssen, desto dümmer ist er.

Diese Dummheit wird nicht einmal zur Last, die man durch die Jahre schleppen müsste, jedenfalls nicht für den immerfort Reisedümmeren selbst, höchstens für seine Leute daheim. Hinreise – Auftritt/Abtritt – Heimreise, diese Bewegung bedeutet den Tausch von Gedankenerzählung fernab zu gedankenlosem Erzählen daheim; die Daheimgebliebenen erfahren immer nur vom Unausdenkbar-Fremden, das dem Ideenvortrager exotisch dazwischenkam oder unterlief. Histörchen, nicht Philosopheme sind es ja, die vom Philosophenkongress erzählt werden! Die Reise dorthin war angelegt als Bewegung aus dem Denk- in den Erfahrungsraum, aus der Ideeninnerlichkeit in die Weltwirklichkeit; Epiphanie, Expansion, Transformation. Jahre des Denkens, Tage der Darstellung: ein Tausch von Konserviertem gegen Saisonales. Zu berichten ist vom Staunen der Exoten, wenn man vor ihren Augen seine Konserve öffnete und vor ihren Ohren daraus schlürfte.

Die professionsphilosophische Kongressreise wirkt wie eine Verdrehtheit, eine Verkehrung – doch welcher Situation? Wahrscheinlich der Ursituation des neuzeitlichen Denkens. Descartes beginnt zu denken und zu schreiben, *nachdem* er gereist ist. Er schreibt auch vom Wert dieses Reisens und seiner Erfahrungen für das Denken. Scholastische Syllogistik und humanistische Vielwisserei, zusammengepresste Gedanken und zusammenhanglose Erfahrung hatten ihn gleichermaßen angeödet, auch verwirrt; all dies Erlebnisse seiner jungen Jahre. Die Reisen sollten hieran etwas gutmachen, wenigstens für den Rest seiner Jugend *(Discours de la méthode* I.14). Es war nicht ein ›Sammeln‹ von Erfahrung aus einem anmaßend-ahnungslosen Entschluss zu nachheriger Verwertung, gar vernunftbildender. Die Reisen waren auch nicht gemeint als Ablenkung von einer Ratlosigkeit, sondern als ein Provisorium für Dinge, die man – anders als in der berühmten *morale par provision* – nicht *selber* ordnen kann. Denken beginnt mit der Erfahrung der Dinge, die man selber ordnen kann. Die Reisen haben – wie Erfahrung überhaupt – nur gezeigt, was auch anders sein kann und sich so dem Denken entzieht; sei es, weil es nicht zu ordnen, sei es, weil es schon geordnet ist, das Reich der Gegebenheiten. Bloß Gewohntes, Gelerntes, Geglaubtes, Tradiertes hatte der reisende Descartes zu Hause wie bei anderen gefunden (I.15).

Denken als Gegensatz zu Erfahrung – neuzeitliches Verhängnis, unvergesslich, unleugbar! – ist deshalb aber auch nichts, was als ›eigenes‹ Denken nun einer als fremd erfahrbaren Fremde gegenübergestellt oder gar für diese gezüchtet werden müsste. Denken ist nichts Heimatvertrautes, original-ingeniöses Denken überhaupt ist ohne die Eitelkeit erkennbarer und erhaltenswerter Eigenheiten. Denken kann man überall, denn es ist kein Zweck, der mit einem anderen in Konflikt geraten könnte oder diesen zum Mittel erniedrigen müsste. Weil man res cogitans überall sein kann, darf man es auch daheim sein. Aus Rücksicht gegen die Gewohnheiten der Heimat wollte Descartes das Reisen einstellen: man werde fremd im eigenen Land, wenn man zuviel Zeit aufs Bereisen fremder Länder verwende (I.8).

Dennoch sollte Descartes in zwanzig Jahren mehr als vierzigmal den Wohnsitz wechseln. Der Ärger mit katholischen und reformierten Theologen, mit holländischen Politikern und schwedischem Adel zeigt den Denker auf Reisen in der einzigen Weise, die eines Denkers würdig ist: als Vertriebenen. Descartes, der Denker, reist unfreiwillig. Die Gedankenaustreiber aller Länder zwangen die raum- und zeitlose res cogitans in die Innerlichkeit: Descartes als Konservator einer Sache, die »das bestverteilte Ding in der Welt« (I.1) sein sollte und nun zu seiner allereigensten werden musste. Intimität und Selbstbekanntschaft des Denkens durch Pression einer Umwelt, die ganz ohne Gedanken sein wollte! Eigentümlichkeit eines Daseins aus der Eigenschaftslosigkeit seines selbstgewählten Wesens! Kein Zweifel: Der kongresstüchtige Professor, der eigentümliche Gedanken haben und mit ihnen auf Reisen gehen will, ist der umgekehrte Descartes ...

Gespräch, Lehre, Forschung

Eine Geistigkeit rein aus ›Lehre und Forschung‹ – das neuhumanistische Programm ist (wenngleich unfreiwillig) gewiss das redlichste Eingeständnis, dass der platonische Eros des Gesprächs allen Anschein der Natürlichkeit eingebüßt hat. Am Anfang der philosophischen Neuzeit steht die Künstlichkeit des Dialogs, am Ende die der Podiumsdiskussion; die humanistische Geselligkeit ist geschrumpft und zerlegt zur philosophischen Gesellschaft und zum philosophischen Institut. ›Lehre und Forschung‹, das besagt nun einmal auch ihre Isolierbarkeit gegeneinander, weil Wahrheitsstreben und Wissensvermittlung verschiedenen Dimensionen angehören. Man beklagt die Lehrer, die nicht zum Forschen kommen, man klagt über die Forscher, die nicht zum Lehren taugen, man wagt aber nicht ein Lehren und ein Forschen anzuklagen, das, um sein zu können, was es ist, ohne den Anspruch des Denkens auskommt: Die neuhumanistische Universität mag diesen oder jenen Denker ›beeinflusst‹ oder gar ›geprägt‹ haben, sie hat aber niemals einen *erzeugen* können. Diese Zeugungsunfähigkeit ist freilich urplatonisch begründet, sie konnte wegen Demokratiedefizits (ein Meister, viele Schüler) in der philosophischen Antike nur nicht recht zum Ausdruck kommen. Erst wo Wissens- und Wirkungswille im selben, nur zeitlich versetzten Monologismus stehen, zeigt sich die geistige Impotenz ganz rein.

Wen ihre Erfahrung *schmerzt*, der hat diesen Schmerz verdient – es ist mindestens eine Idiotie, Außenseitertum der Mehrheit (die stets neben dem

Geist steht und lebt), die Einpflanzung eines Gedankens oder gar des Denkens zu erhoffen, gar an entsprechende Institutionen dafür zu glauben. Universitäten sind Durchgangsstationen oder Endlagerstätten des Geistes: ersteres im Technischen der ›Forschung‹, letzteres in den petrifizierten Inhalten der ›Lehre‹. ›Forschung‹ bedeutet die Verwirklichung einer intellektuellen Eigensucht, den ›Betrieb‹, der auf seinen Selbsterhalt drängt, gemäß der Natur des autonomen Willens, immerfort zu wollen und damit sich selbst im Sein und in der Veränderungslosigkeit zu halten; das Ethos der Kontinuität. Von den ›Forschern‹ lernt der Zögling des philosophischen Eros gewisse Posen und Techniken, die ihm das Dasein im Betrieb ermöglichen, aber eben auch nur dort; die Resultate, die der Betrieb produziert, sind immer nur auf ihresgleichen bezogen und fordern ihresgleichen mehr; das Könnertum des Forschers ist es, ganz und gar in geistesbetrieblicher *Relation* zu sein und zu bleiben. In ihrem Extrem ist ›Lehre‹ das Gegenstück dazu, nämlich pure *Substanz*, unendlich durcharbeitet, nicht mehr zu verarbeiten – so dass man es an ein Außerhalb des verarbeitenden Betriebs weiterreichen muss, um nur wieder die Luft zu haben, in der man atmen und sprechen kann. ›Lehre‹ ist, was nach ›Forschung‹ kommt: Die Stunde der von allem und jeglichem begeisterten Schwätzer schlägt, der populär ›Anregenden‹ und ›Aufrüttelnden‹. Sie sind originell gerade in ihrer Epigonalität, ihrem Eklektizismus am vorverarbeiteten Material, das an sich selbst keine Ansatzpunkte künftiger Verarbeitung bietet.

Das Ende des Denkens in der ›Lehre‹ und seine schlechte, zeitlose Dauer in der ›Forschung‹ lassen sich begründen, als Institutionen, weil sie völlig der unvorhersehbaren Anfänglichkeit (›Uranfänglichkeit‹, ›Ursprünglichkeit‹) des Gedankens entgegen sind, der jedenfalls nicht aus Gedanken, sondern aus Situationen entspringt. Er lässt sich nicht vorhersehen. Die Universität bedarf seiner, geht von ihm aus, in alle Richtungen, das heißt aber eben auch: sie geht von ihm fort. Sie ist seiner Struktur nicht artverwandt, ist Technik, als Forschung, und sie verliert und verdünnt seine Gehalte, als Lehre. Das Gespräch ist universitär eine Fiktion, ist jedenfalls ohne gedankenzeugende Kraft.

Dichter, Denker, Philosophen

Was Denker wie Dichter von Philosophen unterscheidet, ist ihre Unbekümmertheit um Kohärenz. Die Frage nach der Kohärenz stellt sich nicht, wo die *Sprache* spielt (Dichtung) oder es beim *einen* Gedanken bleibt (Denken). Manchmal gelten Dichter wegen ihrer formalen Verlässlichkeit für Philosophen, während man einigen Denkern die Zugehörigkeit zur Philosophie abspricht, wegen der Zusammenhanglosigkeit ihrer Ausbrüche: der *eine* Gedanke trifft sie eben jeden Tag anders. Die Mittelmäßigkeit und Zuverlässigkeit, vor allem aber Erlernbarkeit der Philosophie beruht auf dem Maßstab der Kohärenz, dem sie sich unterworfen hat. Das System war einst sein beredtester Ausdruck. Das galt für seine Erzeuger wie für seine Verbraucher: Nur anhand kohärent gefertigter Geistesprodukte lässt sich so etwas wie philosophisches Talent auch in der Konsumtion beweisen. Denn die Systeme – um bei diesen Exzessen der Kohärenz zu bleiben – sind immer an irgendwelchen (historisch wechselnden) Stellen ›dunkel‹. Auch der Systematiker hatte Erfahrungen, Intuitionen oder Bedürfnisse, die sich auf den Faden eines Begriffs reihen ließen, aber Erfahrungen, Einsichten usw. treffen nicht zu jeder Zeit gleich heftig, Bedürfnisse drängen nicht unaufhörlich, Intuitionen stellen sich nicht täglich ein. Ein Konsument von System-Philosophie kann nie zu jedem Begriff die gleiche Anschauungsmacht aufbringen, die bei der Produktion wirkte, manches Wort des Systematikers leuchtet, manches bleibt dunkel. Daher die endlose Arbeit einer nachträglichen Erleuchtung. Bei äußerstem Ehrgeiz kann diese Betriebsamkeit leichenhaft wirken oder vampirisch, nur dass es ja der Lebende selbst ist, der alle Anschauungskraft drangibt, um in der Kohärenz eines Systems – dessen Erbauer in der Regel schon verstorben ist – existieren zu können. Nie wird er aber zweifeln, dass der dunkle Begriffe-Spinner in die Reihe der *Philosophen* gehöre.

Ganz anders im Falle des *Denkers*, dessen Gedanke mal welterhellend, mal weltverdunkelnd erscheint. Das hinterlistige Wort von den ›Vorsokratikern‹ macht deutlich, wie weit die Furcht vor unsicheren Kandidaten der Philosophie gehen kann: all diese Köpfe haben ihren einen typischen Gedanken, keine Frage, sind es aber Philosophen?

Am anderen Ende, doch unterm gleichen Blickwinkel stehen jene Dichterdenker, die präzis ihren Launen und Nöten folgen, das heißt keinen Seelenlaut um begrifflicher Kohärenz willen unterdrücken oder verfälschen. Sie sprechen, von Hölderlin bis Kafka, allesamt ganz klar, man kann sie niemals missverstehen – man muss, um sie missverstehen, also ›interpretieren‹ zu können, schon auf einige ihrer Worte nicht hören wollen, den Fluss ihrer Einfälle irgendwo begradigen oder stauen oder versickern lassen. In ihrer Sprunghaftigkeit wirken sie gefährdet, unfestgestellt, augenblicksfromm, situationsbestimmt; in ihrer Ergebenheit gegenüber dem, was durch sie spricht, das heißt, was sie niemals als ›Mensch‹, ›Person‹, ›Subjekt‹ usw. verantworten könnten, wirken sie archaisch. Was mit ihnen zu Lebzeiten geschieht, ist erbarmungswürdig, sie sind die Untoten der Philosophie, die deren Lemuren nähren.

Autonomie und Autorität

Man hat von Philosophen, nie aber von *Denkern* gehört, die sich in irgendeiner Weise durch *Autoritäten* behindert oder gefördert fühlten. Typisch für ein Denkerdasein ist vielmehr, dass die Autorität – ob von Geist oder Macht – so fest im Sattel sitzt, dass es auf sie keinen einzigen Gedanken verschwenden kann noch muss. Die Unbeweglichkeit der Autorität verhindert, dass sie sich vor die Sachen schiebt, denen sich der Denker zuwenden will. Ihm erscheint nichts *autoritär* – ihm sind die Dinge *gegeben* oder nicht.
Ganz anders die professionellen Philosophen, deren ganzes Gedankenleben manchmal darüber vergeht, das Gegebene vom Behaupteten, also Autoritätsgegebenen, zu sondern, und die in solcher Sonderung auch sich selbst zu behaupten haben. Philosophen bekämpfen oder vertreten Autoritäten; im Vergleich zu den Denkern finden sie sich in einer freieren Welt, wo man nämlich die Mächte wählen kann, denen man sich unterwerfen muss. Die Unverbindlichkeit des philosophischen Sprechens hat mit der Freiheit zu tun, zwischen Autoritäten und Gegebenheiten hin und her zu wechseln – es gibt ja, wie man regelmäßig am Ende entdeckt, keinen Grund, die einen für philosophischer (vernünftiger, natürlicher, ›selbstverständlicher‹) zu halten als die anderen. Der Philosoph spürt die Autorität entweder als Faust im Nacken, die seinen Kopf bzw. Verstand hierhin und dorthin wendet, oder sie begegnet ihm als grelle Gegebenheit mit unverschämten Ansprüchen. In keinem Fall ist echte Notwendigkeit in dem, was ein Philosoph denkt, sagt, schreibt. In einer Welt, wo man entweder Autorität hat oder Autorität ist, gibt es keine originäre Not, und gelangweilt oder enttäuscht wendet man sich ab von den erzwungenen Freiheiten, den freigewählten Zwanghaftigkeiten des Philosophentums.

Wahrheit und Geltung

Gewachsene Bitterkeit verführt oft dazu, die Ordnung der Verdienste (der Wahrheit, Klarheit, Reinheit usw.) als direkten Widerpart zur Ordnung des

Geltens anzusetzen. Wer *hier* etwas gilt, ist *dort* nichts und umgekehrt: Den triumphierenden Unwert, beredt gegenüber schweigendem Verdienst, respektiert ein Hamlet als Selbstmordmotiv. In der Spiegelbildlichkeit der zwei Ordnungen und der Exklusivität ihrer Erfahrungsweisen liegt aber auch ein Trost ... und eine Täuschung. Tröstlich ist die Verheißung, dass zwei grundverschiedene Ordnungen restlos ineinander übersetzbar seien, Täuschung die Idee, dass man den Schlüssel besitzen könne, der von der einen zur anderen führt. Eine vollständige Kompatibilität der zwei Ordnungen würde ja gerade die Freiheit und Beweglichkeit ausschließen, mit der man hier wie dort seinen Platz bestimmen könnte. Noch illusorischer als die Idee *zweier* Ordnungen und geradezu lügenhaft mutet die Hoffnung an, sich in eine davon *frei einordnen* und so die Stellung in der anderen sicher bestimmen zu können. Die blassblaue Wahrheit dürfte sein, dass die beiden Ordnungen nichts miteinander zu tun haben, dass sie einander weder abbilden noch verneinen – dass sie sich aber gelegentlich und punktuell berühren. Neben den Scharlatanen gelten die Echten. Mit anderen Worten: Der Platz *neben* der Lüge ist schon besetzt. Wahrheit ab.

Taumel und Fortschritt

Gelegentliche Berührung mit dem Geist versetzt in einen Taumel, regelmäßige in eine Starre. Aus dieser entsteht das sogenannte Geistesleben, ein Leben aus dem Geiste, also eigentlich in der Arbeit am Geist und für ihn. Starr wirkt dieses Leben in seiner Stetigkeit und Monotonie – man ahnt, dass geistige Dauerbewegung eine vitale Begrenztheit erfordert. Das Leben ist hierbei ein Ufer, von dem aus man jeden Tag in den vorbeiströmenden Ideen, Problemen, Theorien usw. fischen kann. Der Fortschritt darin schließt Veränderung aus, einen Geistesarbeiter wird man niemals ›verwandelt‹ finden. Der Taumel des Geistes ist seinen Arbeitern fremd. Er kommt aus einer Berührung, die zur Normalität des Lebens quer steht, weil sie z. B. in die Höhe weist – oder in die Tiefe. Der Geist muss deswegen nicht etwas sein, was einen überfällt und erfüllt. Man kann auch zu ihm aufschauen als zu einem täglichen Anderswo, das vorerst von einer Leere nicht zu unterscheiden ist; man kann sich in die eigenen Abgründe vertiefen und ›spirituell‹ werden darüber. Die Geistigkeit bzw. vergeistigende Wirkung dieser Störfälle entspricht ihrer Gelegentlichkeit, ja Austauschbarkeit. Man muss schon irgendwie Flüchtling des Leben und präpariert fürs Jenseits sein, darf aber nie mit

Sicherheit wissen, welches Jenseits der neue Tag bringt. So trifft er einen mit der Strenge und Unvorhersehbarkeit einer Götterlaune. Die Vergeistigung besteht darin, nicht mehr Herr der Launen zu sein, die zum Geistigen drängen. Das bedeutet auch, dass man nicht eine an die andere fügen kann; in der Vergeistigung erwirbt man keine Rechte am Geiste, wie angeblich durch die Geistesarbeit. Man lernt dieses Schwanken seiner Stimmungen schätzen, denn man spürt: allein ihm verdankt man die *Fühlbarkeit* des Geistigen. Ist Geistigkeit nicht überhaupt dies, dass man etwas anderes zu fühlen glaubt und schließlich sich angewöhnt als das Leben?

Der Geist der Vereinsamung

Die so naiven wie produktiven Typen der Geistigkeit, von herzhaftem Zutrauen zu sich selbst, können ein Leben lang einsam sein, ohne auch nur einen Tag das Wort ›Einsamkeit‹ in den Mund zu nehmen oder in den Kopf zu bekommen. Sie wachsen in einer Einsamkeit gerade durch ungestörten Fortgang ihrer Produktion, die irgendwann keinen mehr etwas angeht, die aber zuletzt landes- oder wenigstens stadt- oder hausweit zirkuliert. Geehrt und gekauft, unbekannt mit sich selbst, verenden sie schließlich, bedeckt von allerlei bunten Hüten der Ehre. Manchmal wissen sie, *was* Einsamkeit ist, ohne dabei an sich selbst zu denken, sie wissen es von anderen – vom Hörensagen. Was sie niemals wissen, weiß ein anderer Typus des Geistes von Anbeginn: *wie* einsam er ist. Die Einsamkeit ist hier früher und gewisser als die Produktivität – sie ist eigentlich deren Antrieb. Einsamkeit heißt dem zur Produktivität Verurteilten, an sich selbst denken zu müssen, weil es nichts zu tun gibt, weil alles schon getan oder weil nichts Getanes von Wert scheint. Die geistige Produktion, die aus dem Gefühl solcher Einsamkeit wächst, soll sie verschönern oder verteuern, vor allem aber vergessen machen. Man schafft einsam von Anbeginn, um nicht mehr an sich denken zu müssen, man erfindet Probleme, die niemand haben kann, der an irgendetwas Konkretem klebt – der sich auf irgendeiner Stufe oder Sprosse seines Aufstiegs zur Höhe, zur luftigen, weichen, gepolsterten Einsamkeit weiß. Der weltferne, mangelbewusste, nicht-naive Typus hingegen weiß, dass er, aus seiner Einsamkeit heraus, alle Probleme der Welt haben kann, wenn er nur will. Das erklärt den Stil seiner Arbeit und seines Schreibens. Er schreibt nicht, um die Probleme zu lösen, sondern um sie zu inszenieren, er verfügt über sie, solange er sie aus- und aufeinander stürzen lässt. Schnell hinein, um sie zu erregen, schnell hinaus, auf dass sie sich einander verbinden, ohne ihn dabei zu verwickeln. Er will als Zuschauer dessen sterben, was er, oft mit faulem Zauber, zum Leben erweckt hat.

Die Gesellschaft des Einsamen

Was geschieht mit dem Denken eines Denkers, der nie in Verantwortung stand? Der sich sorglos seinen Gedanken, das heißt den Launen seines Intellekts, überlassen durfte? Dessen einzige Berührung mit der Macht, mit realen, weltlichen Mächten ihre Ermächtigung aus dem Geiste bleiben musste, die platonische Oberbefehlshabergeste? Der den Wettkampf nicht kannte, vielleicht sogar scheute – der in seinen Monologen ungestört blieb von Ein- und Widerrede? Solch ein Denken – und solch ein Leben, die Unterscheidung wird hier sinnlos – ist ein fortlaufender Selbstkommentar. Dieser Text hat und braucht keinen Kontext. Was muss, was kann daran kommentiert werden? Wer könnte das kommentieren?

Zum Beispiel alle, die sich in irgendeiner – noch so geringen – Verantwortung sehen. Verantwortliche sind Leute, die es sich nicht leisten können, als Sprachrohr eines Schicksals oder als Possenreißer auf eigene Faust aufzutreten. Wer zu dem verantwortungslosen Denker etwas sagen will, kann das nur aus sogenannten objektiven Notwendigkeiten heraus tun, er muss sich auf Pflichten oder Bedürfnisse berufen. Schriftsteller, Redakteure, Professoren leben nicht, wie der entsetzlich Einsame, in exklusiver Beziehung zu einem Werk, sie sehen sich als Mittler zwischen dem einsamen Werk und der vielköpfigen Welt, sie müssen den Ausdrucksexzess des Einsamen zu Aussagesätzen herunterbringen. Man muss doch die entfernter Stehenden ins rechte Bild setzen, die junge Generation! Man muss doch eine Auswahl treffen, für die heutige Zeit! Man muss doch – informieren!

Sofort zerfällt die einstimmige Monologik in eine buntscheckige Vielfalt, der Lebensausdruck in eine Unzahl sich widersprechender Aussagen. Man sucht ihr Zentrum und ihre Ränder, findet Haupt- und Nebensätze, Texte und Kontexte, man rühmt sich, Paradoxien erkannt und aufgelöst zu haben, man zwingt den großen Launenhaften in den Ernst einer gerade regierenden Bedeutung. Man wird sich selbst bedeutend durch solche Bedeutung verleihenden Akte. »Man wird begreifen müssen«, kann schließlich so ein Bedeutungsverleiher sagen, »dass ich bedeutende Meinungen über Nietzsche vertreten habe.«

Scham des Geistes

Manche Menschen akzeptieren erst gegen Ende ihres Lebens, dass sie sind, als was sie schon lange gelten: Geistesmenschen, Intellektuelle. Der Gang des anstellig-angestellten Geistes ist ein anderer. Berufsintellektuelle haben von Anbeginn oder genauer *im* Beginn den starken Willen, etwas ›Geistiges‹ darzustellen, ihr Lebensplan ist die Abfolge: Wille – Denken – Geltung. Sie glauben an den Geist von klein auf als an ein Regelwerk, eine sozial anerkannte Technik, kurz: einen sichtbaren, ›objektiven Geist‹. Ihr Wille und später ihr Wissen, diesem Sichtbaren zuzugehören, macht sie zu professionellen Gläubigen des Geistes. Nichts scheint unnatürlicher. Aber ihr Stolz und ihr Erfolg liegen in eben dieser Unnatur, sie schämen sich jeder natürlichen Regung. Da Geist etwas ist, das sie glaubten annehmen zu müssen – und zu können! –, werden sie ihn irgendwann für etwas halten, das sich verbergen lässt. Da sie den Geist als machtvoll erlebt haben, können sie ihn nicht länger für die einzige Macht halten. Sie lernen an eine nackte Macht und einen nackten Geist zu glauben. Sie schämen sich der eigenen Nacktheit. Sie werden Geistestäter in der Nähe der Macht, die glauben, sie selbst seien keine mehr, weil sie der Macht nachsprechen, was deren Gedankenlosigkeit über den Geist spricht.

Die existentielle Komik dieser Intellektuellen, die Intellektuelle Intellektuelle nennen und damit zu demütigen glauben, besteht natürlich darin, dass sie selbst sich ganz arg- und fraglos für welche halten – was sie mit einer geradezu exhibitionistischen Scham zu verbergen suchen. Die verbergungsstolze Geste, mit der sie nichts verbergen, ist komisch – ihre ganze Vorstellung vom Geist als einer Substanz, die man ›in sich‹ haben, verbergen oder vorzeigen könne, ist komisch. Die Professionsintellektuellen glauben an eine klare Linie zwischen Macht und Ohnmacht, so wie sie einst an den Geist inmitten der Ungeistigkeit glaubten, noch ehe sie ihn kannten; sie glauben, dass man sich hier entscheiden könne, so wie sie sich einst für ›die geistige Welt‹ entschieden. Den Professionsintellektuellen entgeht dadurch die wesentlich ekstatische bzw. asymmetrische Lage des Geistes gegenüber einer geistfreien Welt, seine durch ihn nicht beherrschbare Exponiertheit dort, sein ebenso schutzloses wie obszönes Hineinragen ins Leben. Dass man ›geistig‹ ist, *weiß* man nicht, das will man auch nicht wissen, weil man es schon allzu deutlich *spürt*. Die Schamhaftigkeit und die späte Selbstentblößung – aus Erschöpftheit, vielleicht aber aus Stolz, aus resignativem Stolz – ist typisch für den geistigen Lebensweg, der in der Regel ja nur ein unaufhörliches Ringen des Geistes mit dem Paradoxon darstellt, dass er *am Leben* sei.

Denker, Philosophen, Intellektuelle

Es gibt Epochen wie die zweite Hälfte des 18. oder die zweite Hälfte des 20. Jahrhunderts und was folgte, in denen Philosophen, wenn auch nicht stets unter diesem Namen, in einem publikumsstarken Plural auftraten. Philosophentypische Verhaltensformen – das Gedankenhersagen, Meinungsbekunden – schienen hier geradezu daseinsbestimmend. Was an solchen Zeitaltern beeindruckt, sind die Herablassung und die kaum verhohlene Aggressivität, womit Philosophen vom Fach oder in der Nähe der Macht von ›Intellektuellen‹ sprechen. Lächerlichkeitsanalogie zu »wenn Literaten Literaten Literaten nennen« (Tucholsky)? Bellen des angestellten gegen den freier schweifenden oder schwebenden Geist?
Als Denunziationsausdruck ist ›Intellektueller‹ ungleich geeigneter als ›Philosoph‹, denn wer als letzterer gelten dürfe, wollen Philosophen ja selbst bzw. unter sich entscheiden. Solcher Zugehörigkeit bedarf es bei der Intellektualität nicht, die sich überhaupt eher von außen zu zeigen scheint, die exklusiv ist, ohne elitär sein zu müssen: Intellektueller kann jeder sein, dessen Geistigkeit auffällig geworden bzw. den Intellektualität auffällig gemacht hat, da sie aus dem Ruder gelaufen scheint und ihn nun selbst steuert. Was zugleich auffällt, ist die Ablösbarkeit dieser Auffälligkeit von einer Sache, die sie erzeugen könnte – man meint einen Intellektuellen auch unabhängig von der Sache zu erkennen, die er vertritt oder die nach ihm ruft. Darin bildet er – wie auch ›der Philosoph‹ im populären Sinne – das reine Gegenteil des Denkers und seiner Gefügtheit in eine Sache. Undenkbar ein Denker, der *neben* seiner Sache sichtbar würde! Im Gegenteil ist es ja gerade die ausschließliche Hingewandtheit des Denkers – seines Sagens, Meinens, Wägens – zu seiner Sache, was ihn als solchen oftmals unsichtbar macht. Worüber sollte er hinausragen, worin ›originell‹ sein? Daher auch die geringe Anzahl der Denker unter den Völkern und Zeiten. Philosophen sind befähigt oder wenigstens entschlossen, über alles Mögliche nachzudenken, Intellektuelle gelten als Intellektuelle, noch ehe man einen Gedanken von ihnen kennt. Denker dagegen scheinen an begrenzte und vergängliche Realitäten gebunden. Was freilich dauert und von zeitlosen Sachen des Denkens zu sprechen erlaubt, ist diese Gebundenheit. Man kann solche Sachen als Geschichte der Begriffe, Ideen, Probleme vergessen oder verstehen, vielleicht auch missverstehen, sie lassen sich jedoch kaum auflösen – man kann sich einen Denker kaum ohne seinen Gedanken vorstellen (Kenner der Materie versichern, dass es immer nur *einer* sei). Philosophen, erst recht Intellektuelle, und ihre Sachen

sind je für sich denkbar und dann auch sichtbar, Person und Sache nach einander rufend – eine zutiefst zweideutige Autonomie, eine, die sich auf Bedürftigkeiten gründen soll.

Geistlicher und Geistesarbeiter, Priester und Gelehrter verkörpern jeweils soziale Extreme der Bedürftigkeit von Sachen, die nach dem Geist rufen. Einmal einer Sache, die der Geist selbst ist, der (z. B. als heiliger) für sich sein und (z. B. als heilig sprechender) Macht verleihen kann, zum andern ein ausdrücklich Geistloses, das als Funktionsgefüge *auch* des Geistes bedarf, nur eben *nicht als solchen*, sondern als Technologie und Wissensbestand. Priesterkönig und Technokrat, Seelsorger und Geistesarbeiter sind die Pole einer entweder machtausübenden oder angestellten Geistigkeit. Einer solchen scheinen Intellektuelle, Philosophen, Denker gleichermaßen fernzustehen. Der Denker steht zu ›seiner Sache‹ weder in einem Angestellten- noch einem Befehlshaber-Verhältnis, er bildet vielleicht gerade deshalb die heimliche Utopie des Philosophen, dessen Geistigkeit, jedenfalls sofern historisch sichtbar und mächtig geworden, sich auch immer etwas von einer Geistlichkeit oder einem Ungeist leiht. Doch auch der Philosoph steht gegenüber einem autokratischen Geist oder einem geistlosen Machtgefüge zunächst in einem Nirgendwo, einem utopischen Ort – man hat für *seine Sachen* schlicht keine Verwendung, und er *selbst* hat Verantwortung weder zu tragen noch auszuüben. Der Philosoph ist weder Befehlshaber noch Arbeiter des Geistes oder der Macht. Als Denker von Beruf wirkt er vor einem heiligen Geist wie einer heillosen Macht überflüssig, wie ins Nichts gestellt, gleiches gilt für seine – ja als das Erdenkbare überhaupt definierten – Sachen. Der Intellektuelle endlich übertrifft an Unbestimmtheit und Unfixiertheit noch den Philosophen, er bildet die Realutopie des geistigen Nirgendwo. Als solche macht er eine Erfahrung, die dem Philosophen entgeht, der sich ungern in die Einseitigkeiten des Empirischen verliert: diese Erfahrung ist die Asymmetrie des geistigen Seins. Geist ist überständig – Blüte, Luxus, Parasitum – an einem Geistlosen oder ist diesem unterworfen als Funktion, die aber gerade nicht das Geistige – also Leblose –, sondern das ›Lebensdienliche‹, Daseinsförmige von ihm fordert; demgemäß muss sich der Intellektuelle entweder missverstanden oder missachtet fühlen. Er muss dies, weil er die reinste, radikalste Form des philosophischen Bewusstseins repräsentiert: das Selbstbewusstsein. Es handelt sich um einen Intellekt, der von sich selbst erfahren hat, weil er weiß, dass ihn – zumeist – nichts ermöglicht oder dass ihn niemand braucht. Diesen Utopos des Geistes lassen die Philosophen nach Kräften nicht zur Erfahrung werden, höchstens zur Idee: sie *erdenken* sich jene Auf-sich-selbst-Gestelltheit des Geistes, worin man keinen Moment leben kann. Die Philosophen propagieren eine Autonomie, die sich nur erdenken lässt, und schmähen ›die Intellektuellen‹ als deren Verräter. Die Erdachtheit der philosophischen Autonomie erweist sich an ihrem synthetischen Charakter. Die befehlshaberischen und dienstbaren Formen des Geistes, die Priester und Gelehrte wahrnehmen und Intellektuelle zuweilen verfehlen, zwingen immer in eine Einseitigkeit – die despotischen und demokratischen Formen des Meinungs- und Urteilsbetriebs zum Beispiel, die säkularen und konfessionellen Dienstbarkeiten, die Tyranneien der extremen Verbindlichkeit oder der extremen Vagheit des Sprechens. Die Philosophen meinen, die Einseitigkeit der Geistesformen überwunden zu haben, indem sie deren Stärken miteinander verschränken. Die nicht-philosophischen Formen des Geistes erscheinen dann als verringerte oder ohnmächtige Formen der Machtbehauptung. Sieht man vom *literatur*nahen, fachphilosophisch verachteten ›Esprit‹ (Salonkultur, Moralistik, Lebenskunst) ab, so fällt Geistigkeit für eine philosophische Perspektive auseinander in ›Spiritualität‹ und ›Rationalität‹, in Wertgebung und Wissensdienst, in die *Einzigkeit* der verlautbarenden Gegenwart der Macht und die *Allheit* ihrer Ausübbarkeit. Das wird jeweils durch *priesterliches* und durch *gelehrtes* Sprechen realisiert. Religion und Wissenschaft bedeuten dem Philosophen je die herrscherliche und die dienstbare Geistigkeit, ihre Freiheit findet er in der Selbstgegründetheit. Selbstgegründet wäre ein Geist, der sich befehlen könnte, einer zu sein, ein Wille, der sich in unaufhörlicher Verständigkeit verwirklichte. Ein derart um sich selbst wissender und sich selbst bewirkender Geist bliebe aber unsichtbar. Sichtbar wären nur seine Werke, eine – wo geistfrei – sofort geistlos scheinende Wirklichkeit. Es ist die Wirklichkeit, an die Philosophen denken, sofern sie einmal ausgiebig an sich selbst gedacht haben; da bleibt wenig übrig hinterher. Ein sich selbst gründender, ›autonomer‹ Geist – er hat keine Wirklichkeit. Was von ihm sichtbar wird, muss etwas anderes sein – die Philosophen nennen es den Intellekt. Der Intellektuelle ist in Wirklichkeit, was die Philosophen nur in Gedanken sind, nämlich der an etwas Geistlosem sichtbar gewordene Geist. Den Intellektuellen erkennt man an Attitüden und Techniken – Attitüden des spirituellen, höheren, ›geistlichen‹ Sprechens, Techniken der universellen, grenzenlosen, ›rationalen‹ Durchdringung der Realität –, man erkennt ihn daran noch vor aller Kenntnis der zugehörigen Sache. Der Intellektuelle, so deshalb die Philosophenmeinung, taugt zu nichts oder ist zu allem bereit, er ist je die wertsetzende Inkompetenz oder die wertneutrale Kompetenz in Person. Sobald er beides in *einer* Person wäre, wäre er nicht mehr sichtbar, wäre er – Philosoph. Der Philosoph ist die – zumindest vollständig und sich selbst – nicht sichtbare Wirklichkeit, die man nur an Einseitigkeiten zu fassen bekommt; jeder Philosoph muss es jedoch von sich weisen, einseitig, das heißt Intellektueller zu sein. Offenbar ist der Philosoph ein Intellektueller, der Glück gehabt hat, weil man seinen Intellekt nicht mehr zu sehen bekommt, ihm kann nichts geschehen, er ist ein Intellektueller in der Nähe oder als Teil der *Macht*. Macht ist alles Sein, das weder durch Freigabe von Raum in sich noch durch Gewährung von Raum außer sich Einbußen erleidet, was freilich genau die zwei Möglichkeiten des Geistes und die Daseinsorte des Philosophen bezeichnet. Der Philosoph sucht die Einseitigkeiten der Existenz zu vermeiden, um kein Intellektueller zu sein, und er sucht die Nähe der Macht. Doch kann diese Macht niemals die seine werden. Philosophische Geistigkeit soll ja Selbstzweck sein, Eigenwesen haben, soll aus sich heraus ›Sinn‹ produzieren. Sie benötigt dafür eine nicht-geistige Basis, gewisse ›notwendige Bedingungen‹. Reichte ein fremder Geist ihr den Sinn hin, wäre sie nicht autonom, denn sie würde von etwas anderem zehren – der hinreichenden Ursache ihrer Geistigkeit. Nicht zehrende, sondern unterhaltene Macht will die philosophische Geistigkeit sein. Was sie unterhält, darf deshalb keinesfalls etwas Geistförmiges sein. Der utopische Geist des Philosophen besteht darin, an diese geistlose, aber daseinssichernde Macht keinen Gedanken zu verschwenden. Die Utopie des Philosophen ist der Geist, der nirgendwohin blicken muss, auch wenn er hier und da am Leben gehalten wird, also an konkreten Orten klebt. Das Leben des Denkers folgt dagegen dem Eigensinn des Denkens, das gerade nicht darüber entscheiden kann, welche Macht und Wirklichkeit ihm zu seiner Sache wird. Denker sind ganz und gar Sachen zugewandt, von denen sie nicht am Leben gehalten werden. Dem Philosophen erscheinen diese Sachen oft als geistlose Wirklichkeit oder rohe Macht, denen sich weder im Dasein noch im Denken gerecht werden lässt. Dem Philosophen erscheint hier das Risiko allzu hoch, vor solchen Mächten zu versagen, sich zurückgeworfen zu finden auf eine machtlose Intellektualität, auf ein Denken ohne Macht noch Sicherheit. Die philosophische Existenz ahmt den Eigensinn des Denkens nach und glaubt sich vor dem Elend der Intellektualität gesichert. Der Philosoph ist so in Wirklichkeit, was der Intellektuelle nur der Möglichkeit nach. Dieser müsste und könnte überall einsetzbar sein, der Philosoph aber ist es tatsächlich. Er ist Intellekt von Gnaden einer Macht, die nicht anzueignen ist.

Intellektuelle sind Priester oder Gelehrte, die es nicht (mehr) sein dürfen und gerne sein würden, Geister unterwegs nach einer bzw. angewiesen auf eine Sache, die ihrer Form entspricht. Den Philosophen fehlt diese – intellektuelle –

Form, ohne dass sie zum Ausgleich die Sachbezogenheit der Denker besäßen. Philosophen leben im ›geistigen‹ Nirgendwo und können sich eben deshalb jeder Sache andienen, weil es für sie, die geborenen und professionellen Utopisten, jede Menge herren- und dienerloser Sachen gibt. Ihrer Wirklichkeit genügt alles Mögliche. Wie einst von Göttern, mag darum später von Philosophen die Welt voll sein als von Sachen, über die sich reden lässt.

Abwege der Lächerlichkeit

Die typische Missbildung des philosophischen Geistes – das ist die allzu ausführliche Antwort auf nicht gestellte Fragen, vor allem aber das Auf- und Zudringliche dabei. Philosophisch in diesem Sinne darf auch jeder heißen, der mehr Lösungen parat hat, als sich Probleme auf Erden jemals finden lassen – die Quelle seines Reichtums muss eine andere sein als der Ort, wo er ihn feilbietet. Ein Reicher, der zu Markte geht …

Die philosophentypische Missbildung entspringt einer sonderbaren Synthese von Rede und Erscheinung: Verkündet wird, was ein Anonymes zu wissen gibt, das Sein, ein Dämon, der Geist, die Gottheit usw. Dieses Anonyme ist auf den Verkünder gar nicht angewiesen, lässt ihn bloß leben und reden, rührt sich ansonsten aber keinen Millimeter vom Fleck; der Verkünder jedoch fällt auf durch seine Rührigkeit, sein Hinzustoßen in eine schon – selbst und gerade in ihren Mängeln und Problemen – komplette Welt. Der Ehrgeiz, womit der Zudringling dort gestikuliert, von wer weiß welcher ›Sache‹ bewegt, erweckt Missgefühle und Misstrauen – ist dieser Zappler eines Gewaltigen ein Gewaltiger seinerseits? ist er der Narr eines Allmächtigen?

Eine Aureole von Lächerlichkeit und Würdelosigkeit umgibt den griechischen Ursprung dessen, was ›der Philosoph‹ *sein* und *heißen* will, das macht alle ›Klassik‹ ihren Nachwelten so fremd. Klassisch, also maßgeblich, wird das Denken von Leuten, die *Philosophen sein wollen* und nichts sonst, man kann jedoch die Unerhörtheit dieser Autonomie-Ambition allein als Konstruktion, als Zusammensetzung von Verschiedenartigem sich begreiflich machen. Sind die sokratischen Novellen nicht Berichte davon, wie jemand stets haarscharf der Lächerlichkeit entging, indem er sie entweder als Rolle wählte oder den anderen zuspielte? Wäre nicht die Lächerlichkeit des Sokrates erfahrbar und erwiesen, wo man in ihm jene klassisch-philosophische Synthese des ungefragten Verkündens eines Fraglosen entdeckte, die das philosophische Gewimmel aller Neuzeiten nach sich zieht?

Sokrates wäre schlicht unerträglich als ungefragt Redender bzw. Verkünder, das heißt als ein Platon des Marktes. Sein berühmter Schüler selbst spricht mit Würde nur zu Hause, von einem Ort her, wo der Geist weht. Im Geiste zu Hause … Um den Ruch des Hochmuts vom sokratischen Parlando fernzuhalten, musste garantiert sein, dass sich jemand ›als etwas‹ gegen und vor Sokrates exponiere, und zwar in einer Aufdringlichkeit, dass man mit einer Frage, einem Zweifel gar nicht erst an ihn *heran*treten musste; so wäre die Gefährdung der Aufdringlichkeit und des eigenen Besserwissens zerstäubt. Es sind immer *die anderen*, die Sophisten und Spezialisten irgendeines Wissens, die eintreffen, *auftreten,* die – eine geistige Ungestörtheit? sokratische Ruhe? – aufwirbeln. Das platonische Arrangement dieser Situation verrät die arge Mühe, des Denkens Arglosigkeit abzusichern, ebenso wie der dazu entgegengesetzte Fall: Sokrates *ist irgendwo und äußert sich,* nüchtern-berauscht; sein Dämon pocht. Tatsächlich sind skeptische Gegenwehr und unpersönliches Delirium (mit der Stimme einer unbeeinflussbaren Macht) die zwei Chancen, der Lächerlichkeit ausdrücklichen Philosophentums zu entgehen; diese Lächerlichkeit ist hinter der Künstlichkeit der sokratisch-platonischen Gesprächssituation überall zu spüren. Fast immer sind es die Unphilosophen, die ›als Philosophen‹ auftreten und das dann nicht sein können – so arrangiert allein ein Philosoph die Lage! Die würdelose, lächerliche Synthese aus kundiger Skepsis und begeistertem Verkünden, aus Sich-Herbeilassen-zum-Gespräch (Sokrates möge doch mal mitkommen!) und gedankenversunkenem Stehenbleiben auf der Stelle (Sokrates üblicherweise, sogar in der Schlacht!) – das ist der Spezialist eines Allgemeinen, der hinzukommt, sich anbietet, alles Einzelwissen niederzumachen und sich zum Ersatz anzubieten; wenn Sokrates-Platon von den Sophisten spricht, weiß man, an wen er denkt. Dass Sokrates selbst nie Sophist heißen darf, ist die Erfindung eines häuslichen Denkers, der sich seiner Würde – seiner Produktion aus Geschautem, also Vorab-schon-Seiendem, Nicht-Gemachtem – gewiss ist, einer Produktion, die einen *Bedarf an ihr* verdient hat. Flankierende Typen dieser stets von Peinlichkeit bedrohten Synthese existierten, bereits zu Lebzeiten des (alten) Platon: Das laute, überlaute Tönen aus *selbstgenügsamer Obsession* (oder aus Langeweile!) ist nicht würdelos, wenn auch zuweilen lächerlich. Und die *Tagelöhnerei* des Geistes, Lehrerschaft usw., den Sklaven mit Köpfchen, der auf dem Markt zu kaufen ist, muss nicht um die eigene Würde oder vor der Lächerlichkeit bange sein. Er redet wie später die intellektuellen Opfer aller Tyranneien nur, wenn er gefragt wird – im Respekt des Fragenden oder im Griff der rohen Gewalt … Neben der platonischen Synthese des *Weisen*, der *sich herbeilässt* und das Wissen umstürzt, finden sich sowohl der Denker, zu dem man selbst finden muss, als auch der Kopf, den man auswählt, als seinen Diener: des Sklaven Diogenes – erst erfragter, nicht schon ausgerufener! – Bescheid auf dem Sklavenmarkt, er verstehe sich aufs Herrschen, hat die Würde dieser bediensteten Geister ein für allemal festgestellt.

Archaik und Hellenismus sind allen Dezenten des Geistes näher als irgendeine ›Klassik‹; jede Berufung auf ›das Klassische‹ wirkt so schnell peinlich, lächerlich, stil- und würdelos – man ahnt, dass die ›klassische Mitte‹ nur Bestand hat, wo sie geschlossen, das heißt aus der Zeit ist. Das Vorbild der anderen aber, der Urtümlich-Ungeschliffenen und der armen Schlucker im Spezialfach, kann nicht irreleiten, hier ist eben nichts zu kopieren oder abzuschauen … man *ist* urtümlich oder man *hat* seine Spezialität, man ist geschlagen vom Sein oder hat sich ein Denken antrainiert.

Romantische Frechheit

Der einzige Maßstab für einen Philosophen und erst recht einen Philosophieprofessor sollte sein, was er für einen *Denker* zu tun vermochte – inwieweit er also demjenigen das Werden sicherte, von dessen Verzehr und Verteilung er lebt: Gedanken. Fast überall findet man das Gegenteil, das heißt Philosophieprofessoren mit dem Ehrgeiz selbsttätiger, eigenständiger Gedankenbildung; eine berufsbedingte Urteilsschwäche vor allem aus der Chimäre ›Forschung und Lehre‹, also der Produktion und Distribution durch *eine* Hand, aber gewiss ebenso häufig auch eine Schwäche des Charakters. Wo Philosophie zum ›Forschen und Lehren‹ geworden ist, ja vielleicht werden musste, weil die Lebenskondition sich durchweg vom Mach- und Sachzwang herleitet, da kann die Gedankenbildung nur noch *abseits* stattfinden. Das heißt näherhin: weder im Widerspruch noch im Einvernehmen mit dem wissenschaftlich gemeinten und technisch betriebenen Philosophieren (das in der Regel nur das ›Haben‹ von Meinungen *über* Gedanken sein kann), sondern in einer Art indirekter, umwegiger Beziehung.

Ein Denkender wird normalerweise nicht direkt gegen das Dasein des Philosophieprofessionellen anreden, ja auch nur andenken. Wenn er aber *über* diese Daseinsform nachdenkt, dann wird er sich um ihre Rechtfertigung sorgen; er wird Forderungen erheben oder zumindest Erwartungen hegen: Vom Philosophieprofessor ist ein ésprit de finesse zu erwarten, der ihn anhand der Bedingungen, Kontexte, Umstände erkennen lässt, wann und wo und wem ein Gedanke erwachsen könnte – der lächerliche Ehrgeiz katheder- oder schreibtischbasierter eigener Kreativität hat zurückzustehen hinter einer ebenso dezenten wie kräftigen Unterstützung des Gedankenbildners. Sei es durch Abtritt einer Gehaltshälfte, sei es durch Garantie des mittäglichen Mahls an Werk- wie Sonntagen, sei es durch Bereitstellung reinlich-kühler, lichtdurchfluteter Wohn- und Arbeitsräume; auch das Fernhalten peinigender Armuts- und Altersnöte, vielleicht durch Einrichtung eines Versorgungsfonds für den dementen oder sonstwie siechen Denker. Vorm Umgang mit Professorengattinnen und -töchtern sei dagegen die edle, aber verletzliche Wildheit ursprungsechten Denkerdaseins zu bewahren!

Da beim Philosophieprofessionellen das Denken nicht unmittelbar aus dem Dasein hervorwächst, sondern lediglich ein gutes Leben das ungestörte Produzieren sichern soll, kann er nie jene Selbstkenntnis und Selbstsicherheit aufweisen, die den Denker auszeichnet, in dessen Leben alles zum Denken drängt, wo alle Umwelt, alle ›Lebensumstände‹ ihm seine Stellung als denkerischer Bewältiger solcher ›Umstände‹ bestätigen. Wie wenig ist aber so ein Selbstkenner aus Weltbedrängnis in den Schlichen der Selbstsorge erfahren! Umso mehr bedarf es darum des Taktgefühls und der Zuverlässigkeit eines *umwegigen* Intellekts, der *Lebensbedingungen* als Äquivalente *geistiger Gehalte* aufzufassen versteht. Der Philosophieprofessor, der sie dereinst zu ›Forschungsgegenständen‹ und ›Lehrstoff‹ herabwürdigen darf, ja muss – ob dieses Professionszwanges bedarf es umgekehrt vorbehaltloser Nachsicht des Denkers! –, wird sich vielleicht sogar einen Namen machen können, wenn er ihn nicht direkt an die Sache des Denkens heften, sondern mit dem Wohlergehen des Denkers verbinden will.

Berufung

Was am Dasein eines Philosophen von Profession trotz allem reizen mag, das ist der schwere oder leichte, nie ganz abreißende Rausch, in den das Vernehmen der eigenen Stimme versetzt.

Beginnst du damit einen Tag, dann purzeln dir die Gedanken nur so zu, ohne dass du deshalb schon einen einzigen zu fassen bekämst. Schreitest du nicht mit Diktierstunden, Zwischenmahlzeiten, Sitzungsterminen ein, kann so ein Teppich der Betäubtheit dich durch den ganzen Tag tragen, deine eigenen Worte pfeifen dir prachtvoll um die Ohren und klingen doch zugleich wie zugefallen, wie Gnadengaben eines Höheren, Herrlich-Herabrieselnden. Kurz: Rausch und Betäubtheit sind mir nicht fremd, jedoch: Vor erwartungsfrohen Studenten würde mir die Stimme versagen. Hingegen käme ich groß in Fahrt vor einer Klasse frustrierter Professoren.

II. Anekdoten

»Was redest du nur, Aljoscha! Das ist ja schon fast eine Philosophie«, sagte sie; »das hat dir gewiss jemand beigebracht. Du solltest lieber erzählen.«

Fjodor M. Dostojewski, *Erniedrigte und Beleidigte*

Gestern in der Oper, heute an ihr vorbei. Da sehe ich, im offenen, wadenlangen Mantel, einen im Nachbarhaus tätigen Philosophen vorm Portal; er wartet, das Mündchen ausnahmsweise zu keinem Urteil gekrümmt. Die für immer hochgezogenen Schultern, sein großes, leeres Gesicht erfüllen mich mit Schmerz über Geiz und Verschwendertum der Natur; diese Leere, die hier so reichlich zugeteilt wurde – ich könnte sie gut gebrauchen, um lästige Fülle dreinzugießen, die mir derlei Anblicke täglich bescheren.

Ich lausche dem Sprachsprudel eines Hirnforschers, dessen erster Tropfen platschte: »Die Wissenschaft weiß gar nichts, das wissen Sie ja«, erfrische mich am Strom einer rauschenden Uneitelkeit und denke an die kunstvoll gesetzten Pausen eines Professors für Kunst-, Moral-, Rechts- und neuerdings Sportphilosophie, eines Schwimmlehrers auf dem Trockenen …

Aus einem Messekatalog: »H.s außerordentliches Buch ist ein bedeutender Beitrag zu einer der wichtigsten Problemstellungen am Beginn des neuen, von *Globalisierung* geprägten Jahrtausends: wie das Politische auf Weltebene zu institutionalisieren ist, wenn wir seine stets mögliche andere Seite, den blutigen und glücksfeindlichen Welt-Bürgerkrieg verhindern wollen.«

Im Eilzug zwischen Fulda und Hanau ein junger Mann in der bekannten Haltung, die Leibesstarre des Lesenden von der Rückenlehne noch verstärkt. Irgendetwas wie *Personale Identität* oder *Globale Verantwortung* in Nasenhöhe. Seine Freundin, nur wenig älter, sehr zart, umschlingt Lehne und Leser und spricht: »Das ist alles so abstrakt.« Der Philosoph blättert um.

Ich sitze für zwei Wochen fest im Gebirgshotel, fast jeden Abend in diesem Oktober erleuchten Vorträge das Haus, aus dem Dunkel kommt ein Professor für Naturphilosophie vom Berglauf herein, noch dampfend; 15 Minuten später, schon trocken, sagt er mit Blick auf des Kunsthistorikers Abendvortrag: »Ich erwarte mir aufregende, provokante Thesen, ich hoffe auf ein Erlebnis.«

»Ich weiß nicht, was die nächsten zehn Jahre wird«, sagt dieser Philosoph, »ich weiß nicht, ob alles so bleibt. Vielleicht werde ich nicht mehr philosophisch arbeiten können.«

In der Sonntagsbeilage irgendeiner westfälischen Zeitung Bericht über einen Beflissenen, von Beruf Rechtsphilosoph, der sich großzügig gegenüber der amtierenden Weltmacht zeigte, ihr unter anderem ein *Vetorecht* zubilligte gegen den Rest der Welt. Eine Gruppe *Kritischer Ärztinnen* wird auf den Mann aufmerksam, überwältigt und betäubt ihn im Städteexpress nach Hamburg, will ihm über Mittelsleute und Identitätsfälschung ein paar Wochen Aufenthalt in einem Guantanamokäfig verschaffen, zur geistigen Ausnüchterung und moralischen Belebung, wie es aus den Akten heißt, der orangefarbene Kittel lag bereit. Das Ganze gescheitert im Überseehafen; der Philosoph, von körperlichen Übermaßen, passte nicht in die Frachtkiste.

Zu Gast beim Nostalgiker. Zu seinen besten Erinnerungsstücken an die Jahre in Gebäuden, in Dienstzimmern gehöre ein gewisser Sessel, der allen Wandel überstand. Von hin- und herbewegten Denkergesäßen ganz abgewetzt, müsse auch der seine Erinnerungen haben: an den Schreibtisch etwa, auf dem man ›mit Marx‹ die Raketen, auf dem man ›mit Kant‹ die Bomben segnete auf Kabul.

Der Einladung eines professionellen Skeptikers gefolgt, der mir ›seinen Standpunkt darlegen will‹. Mehrstündige Kaffeehausqual, durch Tabaksqualm und Stimmengewirr gesteigert. Ich müsse doch auch einen Standpunkt haben – eine Position beziehen –, sei ich etwa ›negativ eingestellt‹ zu Recht-und-Pflicht-auf-Zweifel? Abbruch und Erlösung durch einen allbekannten Transzendentalphilosophen, der jetzt Zeitungen austrägt. Der Skeptiker kauft eine und beginnt aus ihr vorzulesen, jedoch ohne Überzeugung und nur Nachrichten.

In der Toilette der einst berühmten Universität, zwei Becken neben mir, ein Kunststudent; hinzu und dazwischen tritt ein Schlipsträger. Er gibt sich als Philosoph zu erkennen und fragt den Studenten, ob dieser ihn fotografieren würde, bewegt, in seinen Vorlesungen, unbewegt, in seinem Arbeitszimmer. Eines der Bilder erscheint in der Universitätszeitung, man sieht einen Philosophen vor einer Wand mit lauter Philosophenbildchen in Holzrähmchen, zwischen Bildern und Abgebildetem ist kein Unterschied im Bilde.

Ich gehe in die Bibliothek, greife mir *Den jungen Dilthey*, hrsg. von Clara Misch, und finde darin, außer der Telefonrechnung für einen Philosophieprofessor, das Schreiben eines Kollegen an ihn: »Gern denke ich an unsere vielschichtigen, intensiven Gespräche zurück. Ich hoffe, es wird Gelegenheit sein, manch basale Vertrautheit zu vertiefen, etwa in der Frage, wie Nietzsche

… Unsere Frauen haben sich ebenfalls gut unterhalten, denke ich. Insbesondere meine Frau fand Gelegenheit, nach dem Rezept Ihrer Frau den superben Stachelbeerkuchen und das gratinierte« usw. usf.

Kritische Wissenschaftler? Von Kindesbeinen an! *Kritische Wissenschaft?* Schon beim Abitur! Doch es geht noch kritischer: »Leitbild: Bleibender Reformimpuls im Zeichen der Exzellenz: Die …-Universität wurde als Reformuniversität in einer Situation der Krise gegründet, um in eigener Verantwortung herausragende wissenschaftliche Leistungen zu ermöglichen und durch *kritisches Wissen* die gesellschaftliche Entwicklung zu fördern. Selbst nach zweihundert Jahren ist dies ein bleibendes Vermächtnis.«

In der ethischen Kontrollkommission auf der Legefarm auch ein Philosoph, man watet durch die Menschen des Platon (Bodenhaltung), die Kommission verstummt unterm Hühnergetöse, nur der Philosoph hebt an mit deutlich tieferer Frequenz, hierbei hörbar unter anderem: »Leben drängt von sich aus über sich hinaus, will Individualität, will Person und Reflexion sein, findet Würde freilich und Anspruch nur im Menschgeborenen« … er bleibt zurück hinter der Kommission, wird immer kleiner unterm Geflügel, ein flügelloser Weckrufer.

Er ist sich zu schade zum Denken. Eigentlich will er Künstler sein. Er hat aber keine Sprache. Also wählt er einen Dialekt aus Thomas Mann: »Wenn man mich besser kennte …«, »Dies nun ist misslich …«, »Ich will mich einmal der Frage widmen …«, »Eigener Gedanken freilich bedarf es …«, »wiewohl allerdings«, »je nun wohl«, »durchaus freilich«, »nichtsdestotrotz«. Und er wird gehört: ein Lübecker Marzipanunternehmen, so preziös wie präzis in seinen Werbetexten, erbittet Geleitworte für Packungen ab 500 Gramm.

Es muss ein Zeichen sein. Genau hundert Jahre nach dem aus Röcken geboren, darf er sich mit der Hoffnung schmeicheln, sein ganzes Leben ohne Krieg und Krise herumgebracht zu haben, ein Leben in Nietzscheaufsätzen. Jahrgangshoffnungen, Jahrhundertschaum.

Er versichert, er habe die Klassiker konsultiert, ehe er sich ans Schreiben machte. Dezentes Völkchen! Man merkt sie seinen Büchern nicht an.

Wie alles, das nicht vom Denken stammt und keine Sprache hat, wählt er eine vergangene, damit er ein Überbleibsel von Besserem scheine. »Ich habe mein Nietzschebuch in die Hände der Jugend gelegt, ich habe das Beste gegeben, was ich« usw. usf.

Gepäppelt an der Brust irgendeiner Sozialdemokratie, träumt er vom Rasen der *Vornehmheit* und dem *Pathos* der Unbelangbarkeit.

Ein Größenwahnsinniger im Taschenbuchformat, ein Wahrheitszeuge mit Pensionsberechtigung. Seine Sprache: neunzehntes Jahrhundert, Wilhelminismus; jovial und fürchterlich zugleich will das sein. »In meinen Reden und Schriften …«, »Unser herrlicher junger Minister …«

Er hat den Ausdruck ›unamerikanisches Denken‹ erfunden und gleich auch einen Detektor für den einschlägigen Test; schon gilt er als *der McCarthy der deutschen Philosophie*.

»Offen gesagt, ist die Weltgeschichte nichts als eine Episode der Philosophiegeschichte und die Philosophiegeschichte nichts als eine Episode in der Vorgeschichte meines – oder sagen wir ruhig: unseres Institutes.«

»Nietzsches verzweifeltes Philosophieren ist eine Suche nach sich selbst.« Der Gute, der sich also vernehmen lässt, hält tatsächlich Launenreichtum für Verzweiflung, er, den nie eine Laune ernsthaft belästigte … er, der durch ungerührtes Dasein auf Stühlen, an Tischen bewies, wie man sich dreißig Jahre mit einem Denker beschäftigen durfte, ohne an dessen Reichtum einen Schaden oder Anteil zu nehmen.

Ein Marx-Wort in goldenen Lettern, an zentralem Ort in der einst berühmten Universität. Ihr Präsident, ein Theologe und vielleicht sogar Christ, will es demontieren lassen. Ein Philosoph, Professor im selben Hause, will es erhalten wissen: Er lässt sich, Sieger der Geschichte, so gern davor fotografieren.

Jedes Jahr ein Buch, jedes Buch mit einem Untertitel: »Das Element der Welt« … »Das Prinzip der Politik« … usw. Gibt es wirklich keine *weiteren* Elemente, keine *anderen* Prinzipien? Aber die Lebenszeit drängt, die Buchmesse ruft prinzipienlos.

Dieser Philosoph, ein Liberaler nach eigenem Bekunden, beschimpft im Feuilleton all jene als Feuilletonisten, die der von ihm liberal behandelten Biotech-Industrie im Wege sind. Dann erwachen in ihm der Historiker und die Empfindlichkeit; er entsinnt sich all jener seiner Ausfälligkeiten, die niemand beachtete, er entsinnt sich einer weiteren, für die man ihn zurechtwies – und beklagt den »allgemeinen Rückgang der Liberalität«.

In jeder Runde ist einer, der die Farben der Überzeugung trägt. Dieser hier steht auf, läuft gelb, rot, braun an von Überzeugtheit: »Erst als Säugling ist der Fötus ein Mensch – ich finde hierfür starke *intuitive*, kulturelle und auch *philosophische* Gründe.«

»Wenn man mit dem Leben produktiv umgehen will, dann wären wir als Philosophen auch gern dabei ...« Dieser Drollig-Feierliche macht sich erbötig, die Wissenschaft, die Technik, die Ökonomie, die das Leben ersetzt haben, zu *vertreten* – doch schon das Leben lässt sich nicht vertreten; da findet er in Wissenschaft, Technik, Ökonomie wenigstens einen ›humanen Impuls‹ – doch der Mensch folgt nicht humanen Impulsen!

Man nennt ihn als einen der herausragenden Hohlköpfe unserer Zeit, ja, als »den kommenden Mann«. Doch wirkt er ganz gegenwärtig, ganz Zeitgenosse: »Man wird sich entscheiden müssen. Was ist entscheidend? Entscheidend ist, dass ich, hier, 2000, Philosoph bin und mich auch dazu bekenne, 2000 als Philosoph zu leben und zu arbeiten.« Er ist von seiner Zeit beeindruckt. Wie sollte er nicht. Sie hat einen wie ihn hervorgebracht.

Biographisten, wo man geht und steht. Der hier immerhin gibt sich Mühe: er will »systematisch und historisch hinausgehen« über seinen Hegel. Was er mit ›historisch‹ meint? Das Genie ist tot, und er ist am Leben!

Auch dieser Systematiker seiner Einfälle hat seinen Ruhm als Historiker fremder Gedanken gewonnen, genauer, als Systematiker toter Denker. Sein Ruhm und sein System beruhen auf vier Entdeckungen: »Platon hat mit dem Phaidon einen glänzenden Dialog geschrieben.« »Kant ist aus der europäischen Philosophiegeschichte nicht mehr wegzudenken.« »Nietzsches verzweifeltes Philosophieren ist eine Suche nach sich selbst.« »Mit Heidegger führt kein Weg in die Zukunft.«

Über »Wissenschaft im Interesse des Menschen« räsoniert ein Menschenkenner und Ethikrat wie folgt: »Die Fortschritte in Genforschung und Biotechnologie haben die öffentliche Aufmerksamkeit wie von selbst auf Fragen gelenkt, um die es der Philosophie von Anfang an geht. Denn jetzt geht es offensichtlich um etwas, auf das es wirklich ankommt. Man fragt, was geschieht, was daraus nach menschlichem Ermessen folgt und wie man sich dazu verhalten soll. Und dieses Problem stellt sich, nach allem, was wir wissen, nur bei Menschen ein.« (*Der Mensch wird geboren. Kleine Apologie der Humanität*, S. 106f.)

Unter den Kleinstädtern heißt er ob seines fremdländischen Brummens ›der Nietzschebär‹, unter den Kleinstadtkünstlern ›der Nietzschespießer‹: eines Sommers, als die ganze Stadt wie ausgestorben war, erbat er sich vom Küster den Schlüssel zum Dom und verkündete dort den Tod Gottes bzw. dessen mögliche Auferstehung, unter strengen Rationalitätsgeboten natürlich.

*

25. Oktober 2005. Am Radioapparat, zu später Stunde. Präsentation des Buches *Philosophie nach Auschwitz. Eine Neubestimmung von Moral in Politik und Gesellschaft*. Der Verfasser* und drei Fachleute geben Auskunft.

1*: »Aus meiner Sicht ist bisher zu wenig die moralische Bedeutung von Auschwitz in den Vordergrund gestellt worden. Wir müssen uns klarmachen, dass mit Auschwitz moralisch gesprochen das einhergeht, was ich mit Gattungsbruch bezeichne.«

2: »Wenn wir das, was uns die Geschichte bis zum Jahre 1939 bietet, versuchen *Revue passieren* zu lassen, und dem gegenüber Auschwitz zu denken versuchen, dann muss man als erstes sagen, es ist vollkommen unvergleichlich. Ich bin der Ansicht, dass Auschwitz tatsächlich einen Bruch im *Selbstverständnis* des Menschen erzeugt hat, und dass wir versuchen müssen ihn zu denken. Aber wir dürfen auf keinen Fall *zu harmlos* denken von dieser fabrikmäßigen Vernichtung des Menschen!«

3: »Was hier passiert mit dem radikal Bösen, ist etwas völlig anderes. Da wird etwas außer Kraft gesetzt oder soll außer Kraft gesetzt werden, und zwar das gesamte Wertesystem durch ein neues ersetzt werden. Der Verbrecher verletzt nur das Rechtssystem, der normale Mensch verletzt nur das moralische Regelsystem, aber ein moralisches Regelsystem gänzlich außer Kraft zu setzen würde ich als das radikal Böse ansehen. Das radikal Böse besteht meines Erachtens darin, dass wir dieses Wertesystem gänzlich umkehren.«

1*: »Mein Begriff lautet hier Gattungsbruch, um die Schwere auszudrücken.«
[...]
2: »Ich glaube, dass Heidegger als Philosoph überschätzt wird, aber dass er ein anregender, origineller Kopf ist, das wird man nicht bestreiten. Er ist vor allem eins: er ist maßlos in seinen philosophischen Ansprüchen gewesen, und er wollte *von Anfang an, spätestens* seit Beginn der 20er Jahre, eine philosophische Wende herbeiführen, die alles in den Schatten stellt, was seit Sokrates und Platon gedacht worden ist. Und ich sehe eine Verbindung zwischen dieser Maßlosigkeit und der Verführbarkeit dieses Denkers, durch eine politische Bewegung, die ebenfalls in ihrer Analyse, Erwartung und in den politischen Zielen maßlos war. Es wird bis heute immer hin und zurück gewendet, ob er denn nun wirklich Antisemit gewesen ist. Seine Frau war es ganz bestimmt.«
4: »Ich halte es nicht für verkehrt, wenn die Diskussion über Heidegger weitergeht, das ist eine Auseinandersetzung mit dem, was man das radikal Böse nennt, auch seine Ausläufer in der Philosophie. Ich halte das für einen wichtigen Schritt der Bewusstmachung und es ist ganz wichtig, da auch noch einmal genauer hinzugucken.«
[...]
2: »Einige Emigranten sind gottseidank wieder zurückgekehrt. Unter denen, die zurückgekehrt sind, hat Adorno eine Sonderstellung, weil er Auschwitz, dem Vergessen, was er befürchtete, entreißen wollte, und ich glaube, dass er dabei eine ganz wesentliche aufklärerische und erzieherische Rolle gespielt hat, auch dadurch, dass er manches *kontrafaktisch* geäußert hat.«
2: »Er hat mich auch *persönlich* auf diese Weise sehr beeindruckt und deswegen würde ich sagen, lohnt es sich in diesem Punkt ihn immer wieder zu hören und zu lesen.«
2: »Rationalitätskritik, das ist sicherlich ein wunder Punkt. Denn die Nationalsozialisten wären, das ist meine Überzeugung, nicht möglich gewesen ohne die rücksichtslose Kritik an der bürgerlichen Vernunft, und ohne die Raserei gegen das Rationalitätsprinzip. Hier müsste man an erster Stelle gleich wieder Heidegger nennen, der das sich zum obersten Ziel gesetzt hat, aber auch sehr viele andere, aus der Schule der Phänomenologie, sehr viele aus der Schule der marxistischen Theorie, die wiederum ihre eigenen Gründe hatten, alles zu verwerfen, was sie der bürgerlichen Welt zurechneten. Das hat mit dazu beigetragen, dass das bürgerlich Selbstverständliche, und damit auch die Tradition der Vernunft und der Aufklärung Ende der 20er Jahre dermaßen in Misskredit geraten war, dass die Nationalsozialisten leider leichtes

Spiel hatten. Und hier hätte ich den Emigranten, die nach Frankfurt zurückgekehrt sind, Adorno insbesondere, Horkheimer etwas weniger stark, doch gewünscht, dass sie etwas mehr von dem demokratischen Modell *lernen*, das sie in Amerika allein schon deshalb kennen lernen konnten, weil es ihnen Schutz geboten hat.«
2: »Das ist eine Leistung, die dann erst in der nächsten Generation, auch da *nach langem Suchen*, aber dann *mit äußerster Bestimmtheit* von Jürgen Habermas vorgetragen worden ist.«
1*: »Habermas ist jemand, das muss man deutlich sagen, der in der Hinsicht in Deutschland unersetzbar ist, ich bange schon vor der Zeit, wo Habermas sich nicht mehr zu Wort meldet, ich frage mich, wer soll das tun.«
[...]
2: »Eine andere wichtige Konsequenz ist, dass man sich an Einzelschicksalen vor Augen führt, dass man auch unter solchen Bedingungen offenbar noch handeln konnte, dass es auch *in auswegsloser Lage* Menschen wie die Geschwister Scholl gegeben hat, und dass auch *in der Nachbarschaft* Zeichen gesetzt werden konnten, und insofern Handlungen auch unter solchen *ausweglos erscheinenden* Bedingungen möglich sind. Das hat eine Konsequenz, die besonders die Ethik zu ziehen hat, nämlich die Frage: wie kann sie den Begriff der Zivilcourage entsprechend *exponieren* und *rechtfertigen*.«
1*: »Deshalb title ich auch, dass es nicht um die Frage nach dem guten Leben geht, in unserer Zeit, sondern dass die Moral wesentlich die Aufgabe hat, in den Vordergrund das zu rücken, was wir auf gar keinen Fall wollen, was auf gar keinen Fall akzeptabel ist, so wie man auf gar keinen Fall mit Menschen umgehen darf oder soll, um dann in Verbindung mit historischen Erfahrungen, von Auschwitz zu der positiven inhaltlichen Füllung unserer Moral zu kommen: Achte jeden Menschen als gleichberechtigt an! Achte seine Grundrechte! – Aber wie gesagt, durch die Erfahrung des Gattungsbruchs immer mit dem Gesichtspunkt zu versehen: Wir können nicht sicher sein, ob uns bei dieser Art, an die Dinge heranzugehen, alle Menschen folgen, deshalb ist der Universalismus im Sinne einer realen Weltverbreitung ein offenes Problem, es gibt keine Garantie, dass er sich auf allen Teilen der Welt so verbreitet, wie wir das gerne hätten.«

*

Grabinschrift: »Er wollte nicht arbeiten, er konnte nicht lieben.« Wo gelesen? Jedenfalls war's ein Familiengrab.

Ein Novembernachmittag, die Sonne sinkt. Jemand hat stundenlang geredet, andere haben stundenlang gewartet, um Minuten eigener Rede anfügen zu dürfen. Endlich macht der Redner ein Ende: »Es ist spät, wir alle sind hungrig und durstig …« Seltsam berührt solch späte Berufung auf die Natur!

Call for papers: Hat Friedrich Nietzsche 1882 in Tautenburg Lou v. Salomé küssen können und wenn ja, wohin? *Auf Spurensuche in Werk und Nachlass. Nietzsche-Werkstatt, veranstaltet im Rahmen des Internationalen Kongresses der deutschen Nietzsche-Bünde, Nietzsche-Vereine und Nietzsche-Gesellschaften.* »Die Nietzsche-Werkstatt richtet sich vornehmlich an jüngere Wissenschaftler und Wissenschaftlerinnen, sowie Studierende, die sich gegenwärtig mit dem Spätwerk und -leben Nietzsches auseinandersetzen und bereit sind, Einblick in den momentanen Stand ihrer Forschung zu gewähren.«

Niemand weiß, wovon er spricht, er bemerkt es und wird immer dreister. Ein Klassiker des Banalen, ein Dumpfbold, der sich künstlich in Begeisterung versetzt, in Hitze bringt – überm Primanermündchen jedoch die Augen: ganz kalt –, auf dass sein Banalismus nicht offenbar werde, auf dass etwas wie heiliger Wahnsinn um ihn wehe. Ein wenig verträumt soll das scheinen, wie aus Gehirnerschütterung durch Gedankenschwere. Er spricht und spuckt, läuft heiß und heißer und – Wunder der Wunder! – sein gefrorenes Lächeln taut, klar und flüssig tropft der Gedanke, den er nicht hatte.

»Wie sollen wir eine auf Nachhaltigkeit zielende globale Wirtschaft errichten und die Biosphäre regenerieren, wenn wir alle bloß Egoisten sind, die nur auf kurzfristigen Eigennutz zielen? Aber es gibt Hoffnung: Das belegen jedenfalls neue Erkenntnisse der Neurowissenschaft und der Entwicklungspsychologie, die das Menschenbild der Aufklärung in Frage stellen. Biologen und Kognitionswissenschaftler haben Spiegelneurone – sogenannte Empathie-Neurone – entdeckt, die es Menschen und anderen Lebewesen erlauben, sich in die Situation eines anderen Wesens hineinzuversetzen. … Wir befinden uns bereits mitten im Übergang zum Biosphärenbewusstsein.« *(Die empathische Zivilisation. Wege zu einem globalen Bewusstsein)*

Ich betrete dieses rotgelb gestreifte Institut, das zum religionsphilosophischen Nachmittagstee lädt, beim Blick auf die Klingelschilder habe ich entdeckt, dass es der Katholischen Kirche gehört, was ich mir nicht träumen ließ – doch es ist zu spät, schon empfängt mich ein Herr in Schwarz. Wir plaudern über dieses und jenes, über Gott und die Welt ohne ihn; schließlich kommt der Schwarzrock darauf zu sprechen, dass ich einmal Historiker war, und fragt mich: »Soll man Geschichte bewerten?« Vor Schreck sage ich ihm, was ich denke: »Wenn man die richtigen Werte hat – warum nicht?«

Aus der Festrede eines koreanischen Studenten: »Ich verdanke Professor G. den Hinweis darauf, dass Platon und andere antike Philosophen *durchaus* noch das Studium lohnen, weil sie uns auch nach der Kantischen Wende noch etwas zu sagen haben« usw. usf. Man weiß nicht, wem man am meisten bemitleiden soll: Platon ob seines professoralen Fürsprechers, den fürsprechenden Professor ob seines Studenten, den studentischen Festredner ob seiner Studienwahl.

Eine Banalität jagt die andere, dazu unerträglich lange Pausen der Bedeutsamkeit, dazu das selbstgefällige Bedeutsamkeitslächeln – man möchte einschlafen und aufschreien zugleich. Plötzlich der rettende Gedanke: man hat es mit einer *Persönlichkeit* zu tun ... mit einem Prachtstück humaner Substanz, die sich ganz unverhüllt von Gedanken zeigen darf.

Sein ganzes Leben hat er Komödie gespielt, hat er die Mimik des Wissens, später die der Weisheit aufgelegt und doch keinen Augenblick dran geglaubt. Nur an die Bewunderung der Einfaltspinsel, die ihm glauben, glaubt er tief und aufrichtig.

Jemand sagte nach dem Kongress: »Ich kann noch so viel nachdenken, ich bekomme keine philosophischen Probleme.«

»Angekündigt war ein Vortrag: *Die Größe Hegels* von Professor G.«, bemerkte Professor H., und fuhr fort: »Gezeigt werden konnte in diesem Vortrag aber nur die Größe von Professor G.« Man hätte den Fall einer Stecknadel hören können oder wenigstens eines Manuskriptblatts. Erst als H. gegangen war, fasste G. sich wieder. »Wir haben uns dafür eingesetzt, dass Professor H. hier philosophieren kann. Wir haben überhaupt erst die Möglichkeit für sein Philosophieren geschaffen. Wir müssen feststellen, dass Professor H. diese Möglichkeit nicht nutzen, dass er nicht mit *uns* philosophieren will.«

Sobald der Luftikus von harten Fachwissern umzingelt ist, bleibt ihm nur die Flucht in die Lüfte – in die Begeisterung. So auch diesem Schwärmer unter lauten Platon-Fachleuten. Er doziert, schwadroniert, extemporiert aus echten und unechten Dialogen, man erhebt Einspruch, er verhaspelt sich und ruft neuen Einspruch hervor, er setzt abermals an und ruft schließlich: »Ich habe meine philosophischen Fragen ja nicht an Sie, sondern an Platon gerichtet!« – »Dann«, so einer der Kenner, »hätten Sie auch nur das wiederholen dürfen, was Platon Ihnen geantwortet hat.«

Zwischen den vollbesetzten Tischen der Beamtenmensa sitzt vor seiner Suppe jemand ganz allein und möchte es doch nicht sein. Es ist V. G., der Adlatus des jüngstverstorbenen Professors F. K., bei welchem er studierte, promovierte, habilitierte und schließlich auch die erste Berufung erhielt – all dies an derselben Universität. Derart sittenwidriger Werdegang hat den Adlatus einsam gemacht unter Gelehrten. Wohl deshalb sucht er die Gönnerschaft des Toten gegen die Gesellschaft der Lebenden einzutauschen: Er spricht laut und immer lauter vor sich hin, es sind böse Witze über seinen verstorbenen Wohltäter. Die beamteten Mitesser schweigen. Der Adlatus beginnt nun, den Verstorbenen zu loben; ein Kenner und Gönner fremden Ruhms. Weiterhin Schweigen, nur hier und da ein Zischen. Da kommt dem Adlatus endlich der Einfall, den Verstorbenen als Förderer begabter, aber fragwürdiger Charaktere zu preisen, und jedermann im Saal stimmt in die Schmähungen ein.

Die zwei Gelehrten fehlten auf keiner Tagung, keinem Empfang; die Jahrzehnte vergingen, ihre Freundschaft blieb. Doch sah man sie nie miteinander im Gespräch und fragte sie irgendwann schließlich danach. »Es wäre lächerlich«, lautete es unisono, »wenn wir so lange befreundet wären und nicht gemerkt haben sollten, dass wir einander nichts zu sagen haben.«

Für nichts ist dieser Bielefelder Professor mit Wohnsitz in Paris und London berühmter als dafür, sich selbst für ironisch und skeptisch zu halten und dies auch in allen Vorworten mitzuteilen.

Konferenz *Polyamorie – Modell für die Zukunft?* Ein evolutionärer Humanist weiß die Antwort: »Man muss endlich die Gegebenheiten des Menschseins anerkennen und kann nicht, wie das die Religionen und Ideologien ein paar Jahrtausende lang versucht haben, einfach daran vorbeisehen. Man muss die Gesellschaft nach anthropologischen Erkenntnissen einrichten, schon von der Schule an, damit dann alle ein glückliches Leben führen können.«

Jener Menschheitslehrer erklärte, dass er nun endgültig ohne eine Menschheit leben wolle, die seine Weisheit nicht verstehen könne, er sprach's und kaufte sich ein Schlösschen an der Alster und wollte niemanden mehr empfangen. Zwei Schülerinnen hatten vielleicht nicht seine Weisheit, doch dafür den Meister selbst verstanden, sie blieben bei ihm und läuteten dann und wann, aus Mitleid oder Verehrung, an seiner Tür.

1986. Ein Philosophieprofessor (Logiker) aus einem Ostblockstaat darf zu einem Kongress in eine mittelgroße westdeutsche Stadt reisen, deren Einwohnerschaft sich aufgrund von drei, vier zu hoch geratenen Bürotürmen für eine Metropole hält. Die Gastgeber möchten den Angereisten ein wenig als Provinzler hänseln und zeigen ihm den Bahnhofsstrich; ein Jungwissenschaftler mit der obligatorischen Näselstimme fragt den Gast nach seinem Eindruck. Der staunt tatsächlich: »Es gibt hier also auch Menschen, die nur einen Teil ihrer Person verkaufen?«

»Ich habe die letzten 100 Aufsätze dieses Philosophen gelesen«, sprach sein Leser, »lebt er noch? Irgendwann wird er anfangen müssen, nachzudenken.«

»Das Selbstverständnis unseres Selbst gebietet es uns, die zu bleiben, die wir sind, damit wir Künftigen ein Vorbild sein können.« (*Phoenix* 2008) Die TV-Runde endet, der Philosoph sackt in seinem Sessel zusammen und überragt trotzdem noch alle anderen, seine Schultern überragen seinen Kopf, seinen Kopf überragen zwei riesige Ohren.

Der soeben (1991) Berufene zum Studentenjournal: »Wenn Sie mich nach der inneren Einheit fragen: Bei den Philosophiestudenten erkenne ich keinen Unterschied mehr zwischen Ost und West. Die neuen Studenten diskutieren jetzt schon genauso kritisch wie unsere.«

20 Jahre darauf: Rundfunkanfrage beim Ethikprofessor, ob der Herzensdoktor und Nochimmerminister nicht endlich zurücktreten müsste. »Selbstverständlich. Auch für solche Personen gelten die Wertprinzipien und Handlungsnormen eines demokratisch verfassten Staatswesens.« Aber wenn das Volk den Minister doch nun einmal mehrheitlich behalten wolle? »Dann wird es sich an die

Regeln einer Demokratie gewöhnen müssen. Sonst könnte man ja gleich das Volk entscheiden lassen.«

Ciorans Wort von der didaktischen Nation Deutschland, vom Philosophen als Archetypus des Deutschen, vom Professor als Archetypus des Philosophen ... Auf der Podiumsdiskussion zu Ciorans Hundertstem ergreift freilich kein Professor, sondern ein Doktor der Philosophie immer wieder das Wort: »Wie Herr X richtig bemerkte ...« – »Wie ich bereits in meiner Dissertation darzustellen versuchte ...« – »Wie ich es in meiner philosophischen Praxis immer wieder erlebt habe ...« – »Wie ich in meiner Magisterarbeit, die zuvor schon in Aufsätzen erschienen war, ausführlich zeigen konnte ...«

Der Vorsitzende der Gesellschaft für deutsche Sprache soll sich zum Eindringen des Englischen äußern, zum Verschwinden der Wörtervielfalt, zu den bedenklichen Veränderungen an allen Ecken und Enden der deutschen Sprache. Sein erster Satz: »Verändern tut sich die Sprache ständig.« Der nächste: »Das muss nicht zwangsweise eine Verdrängung bedeuten.« Zuletzt: »Das Englische dringt nur in den Lücken ein, die das Deutsche lässt.«

Der Nietzscheleser empfängt mich. Seine Wohnung: nur ein Raum, im Raum: nur ein Tisch, auf dem Tisch: nur eine Kerze und ein Buch. »Ich gedenke all der einsamen Leute draußen, die jetzt –», beginnt er ... und ich gedenke all der Nietzscheleser unseres Stadtviertels, bei denen ich im letzten Jahr zu Gast war.

In einer philosophischen Gesellschaft sann man darauf, wie man ihren Präsidenten loswerden könnte, einen Hohlkopf, der sich durch zahllose Plattheiten über den Namensgeber der Gesellschaft kompromittiert hatte und der mit weitschweifigen Reden jedermann langweilte. »Könnte man ihm«, ließ sich schließlich einer der Geplagten vernehmen, »nicht irgend etwas Vernünftiges unterschieben, irgend etwas Einsichtiges, Aufgeklärtes, das ihn unter den geldgebenden Hohlköpfen unmöglich machen würde?«

Collegium philosophicum. Ein junger Mensch, von dessen mathematischer Hochbegabung geraunt wird, ein fast noch unbeflaumtes Bübchen, das mit bauernroten Wangen unter all diesen gespenstisch bleichen, Metaphysik treibenden Greisen sitzt – und schweigt. Man schiebt ein wenig Gelesenes, Gehörtes, Gedachtes hin und her, wagt dann die eine oder andere vorwitzige

These – das algebraische Genie schweigt weiterhin. Das Gespräch stockt, manche der Philosophieprofessionellen schauen verstohlen ihre Kollegen an oder an ihren Krawatten hinab. Da lässt der Jungmathematiker – oder Junglogiker? – eine Zote über Naturwissenschaftler, über ihre Köpfe und Hosen und deren Inhalte verlauten, eine knabenhafte, ja kindische Gemeinheit – niemand lacht, aber die Philosophen atmen hörbar auf; die kühnsten von ihnen stellen jetzt Fragen.

Einsteinforum. Menschen mit tränennassen Gesichtern, manche sogar vernehmbar schluchzend, strömen in den Saal. Kein Anflug von Traurigkeit hingegen auf dem Podium: Expertentreffen *Trauerkultur: Forsaken and Forlorn*. Expertenhinweise zum rechten Umgang mit der Trauer. Expertengespräch: »Die Frage, was Trauer ist, ist ja gar nicht so einfach zu beantworten. Das klingt zwar wie ein Begriff, der sich so ahistorisch irgendwie durchsetzt und wir wissen intuitiv angeblich, was das meint, aber genau hingeguckt ist das ja sehr schwer, das Narrativ zu finden, das dem entspricht.« (Dr. V.) »Man muss sagen, dass die Trauerkulturen im großenganzen zerfallen sind. Die Religionen haben Trauermöglichkeiten, Abschiedsrituale, Sterbe- und Bewältigungsrituale entwickelt, die über ganz bestimmte Zeiten den Menschen Halt gaben in der Trauer. Heute haben wir auf der einen Seite eine Aufdeckungskultur, was die Verbrechen der Vergangenheit betraf und betrifft, wir haben eine Erinnerungskultur, und wir haben merkwürdigerweise zugleich, was unser privates Leben betrifft, eine Verdrängungskultur.« (Prof. E.) »Ich glaube, das Bestattungswesen ist deswegen so professionalisiert und ausdifferenziert, weil dort auch die Kreativität gewissermaßen geparkt wird, die vielleicht der Bedürfnislage nach eigentlich so anspruchsmäßig besteht zwischen den Hinterbliebenen und den Verstorbenen. Aber irgendwie gibt es keine Handlungsidee oder Fantasie oder auch keine kulturelle Praxis, um genau diese Art von Kontakt umzusetzen.« (Dr. V.) »Trauer ist erzählbar. Man kann eine Trauergeschichte erzählen.« (Prof. G.) »Ich denke, das ist wiederum eine Chance, vielleicht auch in dieser Krise, dass man tatsächlich auch Narrative im Sinne der humorvolleren Varianten wieder neu entwickeln müsste. Das Beispiel von den schwulen, lustigen Varianten der Beerdigung, die dann plötzlich als vorbildlich dastehen, weil sie mit Phantasie und Witz und Humor und schräg und in dieser Weise individuell plötzlich neue Formen entwickeln. Dass wir vielleicht da hingucken und uns überlegen, ob Trauer nicht vielleicht auch so was sein kann.« (Dr. V.)

Besuch im Hospiz. Geröchel im Nachbarbett. Wie alt, wie krank der Mensch, ist nicht zu sehen, denn davor hockt eine massige Gestalt. Ihr bedeutender Bariton durchbricht das Geröchel in Abständen, fast rhythmisch: »Es ist eine aus der Selbstachtung des Menschen folgende Pflicht, sich am Leben zu halten.« Röcheln. »Meine Pflicht ist es, Ihnen dies nahezubringen.« Schweigen. »Unsere ganze Existenz, Politik, Ökonomie, Rechtssicherheit gründet *immer schon* im Vertrauen, dass ein jeder sich am Leben halte.« Röcheln, Seufzen. »Freilich gibt es Situationen, in denen unumkehrbar deutlich wird, dass der Wille des Todkranken anders entschied. Dann müssen wir ihm geben, was er sich so dringend wünscht.« Aufheulen, dann Stille. Der leidende Körper dreht sich zur Wand, eine Schwester tritt hinzu. Der Ethikrat: »Er ist nicht mehr kooperativ. Aber ich bin bereit, seine Entscheidung zu akzeptieren. Gar vieles freilich blieb bis jetzt ungenügend begründet. In einem Arbeitskreis könnte man hier manches vertiefen. Die dringendsten Fragen habe ich vorerst in der *Berliner Zeitung* vom 21. November 2004 beantwortet.«

Einladung zum Sektempfang. Das philosophische Institut stellt sich der Öffentlichkeit und seinen neuen (durchweg Saft trinkenden) Studenten vor, die Dozenten bilden zu diesem Zweck einen Halbkreis, in dessen Mitte, auf einen Punkt zusammengedrängt, zwei Figuren Aufstellung nehmen; eine leibhaftige Fermate! Der zierlichere der beiden Männer, graubärtig und glattgesichtig, so zwergen- wie lebhaft, verbeugt sich vor dem größeren bzw. längeren, ja sehr langen, einem breithüftigen, schmallippigen Beinahe-Skinhead mit stechendem Blick hinter gefährlich blitzender Nickelbrille, er neigt sich also vor dem Höhergewachsenen und hebt das Glas in dessen Höhe, ohne doch nur bis zum Kinn des Angeprosteten zu reichen, er wendet sich darauf der offenen Seite des Begrüßungschors zu, den Jungphilosophen also, und berichtet: Wie der Langgeratene im Kampf gegen ein feindliches Institut – Zwischenruf des Langen: »Man philosophiert auch dort, ei nun, uns soll es freuen, wenngleich das schlechte Philosophie ist!« – in zähem Ringen (kühne Schreiben, harte Sitzungen) ein Zimmer gewonnen habe, eines im Hauptgebäude sogar, ein wohlausgestattetes Arbeitszimmer mehr für die deutsche Philosophie. Das glatte Männlein mit dem glatten Namen (Professor Schlemmer? Schwemmer? Schwimmer?) erlaubt sich ob dieses Husarenstücks ein kurzes, meckerndes Auflachen, eine winzige Erschütterung, das Glas ist danach nur noch halb voll. Wie ein Löwe, fährt es fort, habe der Lange gekämpft, wie ein Löwe! Der Löwe winkt den Beifall ab, verlässt mit ihrer

Erlaubnis die Gesellschaft, da er heute Abend noch philosophieren müsse, er macht sich auf den Weg in sein Arbeitszimmer.

Militärakademie; unter Feldjägern. Aufmarsch und Auftritt der Gastredner. Am Ende ein alle Überragender, überwüchsig so sehr, dass von unten her der Kopf ganz winzig scheint. Schnell wird der Mann am Pult persönlich. Sein Stehen hier – selbstbestimmt, freiheitlich, grundwertig – ein Ertrag härtester Desillusionierung, theoretischer Arbeit eines Lebens. Erst enttäuschten ihn die werktätigen Massen (›korrumpiert‹), dann die untätigen Massebeweger-Marxisten (›arriviert‹). »So fand ich mich auf mich selbst geworfen – und ergriff die Chance, mich selbst zu bestimmen.« Erst wer sich von dem, was fälschlich ›das Volk‹ und dem anderen, das kaum richtiger ›die Intellektuellen‹ genannt werde, vollständig gelöst habe, sei frei für den Dienst. »Worin dieser bestehe, muss eigenste und ernsteste Frage an die eigene Persönlichkeit sein.« Hochblick, Abtritt, grüne Nelken.

Das Arbeitszimmer dieses Geistesarbeiters, der mich eingeladen hat und mir weitere Gäste ankündigt, wirkt frisch aufgeräumt; alles riecht nach einer Professorenparty oder einer Privatvorlesung. Ich will mich verdrücken, doch der Geistesarbeiter lässt niemanden ziehen, ohne ihm seinen neuesten Aufsatz in die Hände gedrückt zu haben; in der allzu rasch hergestellten Ordnung findet sich der *Sonderdruck* aber nicht. Ich beruhige den Professionellen und bitte ihn um ein Porträtfoto statt des Sonderdrucks, er lächelt einen Moment (dümmlich, geschmeichelt), dann entnimmt er einem großen Glasrahmen hinter seinem Schreibtisch ein Halbporträt – er auf dem Katheder, herniederblickend auf ein unsichtbares Publikum – und überreicht es mir. Ich klemme mir das Bild unter den Arm und verabschiede mich mit bestem Dank. Im Vorzimmer warten bereits etliche Gäste, jeder hält eine Zeitung vor der Nase, jeder dieselbe – doch nein, es sind Sonderdrucke mit dem Porträt des Gastgebers!

Einer, der sein Leben lang vor Eifer nicht ein noch aus wusste. Erst baute er Kernwaffen, dann bereist er Ethikkongresse (›Kernwaffenerbauer für den Frieden‹), er ist viel auf der Straße, die Protestluft hält seine Wangen frisch. Ein anderer, der, seit er denken kann, in einer verstellten Sprache lebt, jeder Ton klingt falsch, immer neue Töne müssen die Melodie, die alles offenbaren würde, unkenntlich machen. Was könnte *seine* zweite, die Rechtfertigungshälfte seines Lebens bilden? Vielleicht eine Ewigkeit des Verstummens, ein

Rücksturz aller Worte in den Schlund, der sich durch ihn öffnete. Zuvor jedoch noch ein Kantbuch – ein letztes.

Ein Philosoph von 66 Jahren: »Ich höre auf. Ich habe genug gesagt. Es gibt noch anderes im Leben als Philosophie.« Den Moment schwieg er, und ich schaute hoch an ihm, vom Mund aufs Geäug. Geliertes Blau, darin schwimmend die Dinge des Lebens.

III. Aphorismen

»Alle Denker werden dort kahlgeschoren, zur Warnung. Niemand kommt ihnen in die Nähe. Die Berührung mit einem Denker gilt als schweres Unglück. Auch die Kahlen selbst weichen einander aus. Sie teilen den allgemeinen Aberglauben. Sie leben allein in kleinen Pest-Hütten. Doch ihr Haar bringt Glück, und um dieses raufen sich die Menschen.«

E. Canetti, *Nachträge aus Hampstead*

Unter Philosophen

Ursprung der Philosophie: Groll gegen die Widersprüche des Lebens. Geschäft der Philosophie: Anwendung des Erlernbaren aufs Unbelehrbare, das Leben.

Die Klarheit im Gesicht eines Kindes, das man in die Musik, die Mathematik einführt, gehalten gegen die Schürzung einer Jünglingslippe, um die Philosophie spielt, von der bald Philosophie tropfen wird …

Ein Philosoph: einer, der auf Zehenspitzen durchs Leben geht, um mit seinen furchtbaren Wahrheiten niemanden aufzuwecken.

*

Erschauenwollen oder Rechthabenmüssen … Den Titel Philosoph verdient der Mensch, der sich nicht Dingen und Menschen zugleich zuwenden kann.

Der Wille zum überlegenen Argument ist der Parvenü unter unseren äffischen Regungen.

Nur die Gemeinplätze verdienen es, ohne Ironie behandelt zu werden.

Die Unmöglichkeit, alles zu denken, was sie sagen, bildet die Tiefe der Philosophen.

Urteile zu fällen ist die tägliche Lust all jener, die keine verhängen können.

Der Philosoph verrät sich im Gemälde seines idealen Feindes: eines Menschen, der seiner Abschaffung zustimmt, weil sich dafür letzte Gründe fanden.

*

Jeder Bewunderer der Strenge und der Anmut muss einmal erfahren, dass sein Geschmack bizarr ist.

Irgendwann meldet sich auch die Skepsis nur noch in Jahrbüchern.

Philosophisch klingt eine Wahrheit erst, wenn sie allen anderen Menschen fade geworden ist.

Selbstbesinnung altert eine Seele noch schneller als Systemdenken.

Ein Denker, der sich keine Zweideutigkeit leistet, beleidigt den Geschmack seines Lesers.

Ein Geist, der nichts zu verbergen hat und folglich nichts zu zeigen …

Sitzfleisch, wuchernd bis unters Schädeldach …

Ein Philosoph versteht nur, was man ihm beweisen will.

Platonisch bleibt Weisheitsliebe allemal.

Achtbar ist nur der allerfrüheste Stoizismus, dem man noch die Schmerzen und die Ängste ansieht, die es nicht zu fühlen galt.

Als Skeptiker erweist sich im Grunde jeder, den allein Bosheit zur Präzision führt.

Der Zyniker – ein enttäuschter Idealist, der Verzweifelte – ein enttäuschter Realist.

Nichts Eitleres als ein Skeptiker, der überzeugt ist, einer zu sein.

Lächerliche Vorstellung, irgendein Menschenkenner hätte sich je zu einer Anthropologie herablassen müssen …

Im Umgang mit Philosophen erlernt man das Zartgefühl, zunächst einmal nichts zu verstehen.

Allzu lange hießen Skeptiker jene, die ihrer Zweifel ganz sicher sein durften.

Pragmatismus: Was zu nichts gut ist oder zu allem Möglichen, das muss Philosophie sein.

Der Philosoph alter Schule geht systematisch vor, wie jeder, der seine Absichten verbirgt.

Religion ist eine zu delikate Sache, als dass ihre Apologeten oder Kritiker ihr auf den Geschmack kommen könnten.

Die einzig ehrliche Skepsis ist jene, die man vor aller Welt geheimhält.

*

Man lernt das analytische Gesicht schneiden, noch ehe man das einschlägige Messer in die Hand bekommt.

Die metaphysische Bedrohlichkeit des Empirismus verflüchtigt sich, sobald man Empiristen kennenlernen durfte.

Metaphysik langweilt nur, wenn sie die Metastase der Physik sein will.

Wer heute einen Philosophen kennenlernt, der ist in unleugbarem Vorteil gegenüber einem Zeitgenossen des Empedokles, des Heraklit: er weiß in der Regel, was sein Mann um 14.15 Uhr tun wird.

Zu Recht respektiert man die Philosophen, die sich etwas zurückgeblieben ausdrücken, in den Dialekten von gestern oder vorgestern. Obwohl es meist nur Faulheit oder Sklerose des Denkens ist, bleibt doch die Hoffnung, es könnte Ökonomie der Sprache sein.

Philosoph sein heißt jetzt nicht nur, an die Toleranz seiner Mitwelt zu glauben, sondern auch zu glauben, dass man ein Recht darauf habe.

Das Leben des denkenden Menschen wird bestimmt von Einsichten, das des professionellen Philosophen von Rücksichten.

Dezenz, Understatement, die allfällige Selbstbelächelung – Urgesten des intellektuellen Pluralismus. Hier weiß jeder von Geburt an, dass er einer zuviel ist.

*

Der Philosoph dürfte Achtung vor sich hegen, wenn er dem Menschen hülfe, Unerträgliches zu tragen, beispielsweise einen zu großen Kopf.

Menschlichkeit findet man unter Philosophen im Gähnen, über allzu vertraut gewordenen Verstörungen.

Die Mütze zöge man vor einem Philosophen mit der Verbohrtheit einer Edith Piaf! Mit dem Thema einer Edith Piaf!

Begründbare Beunruhigungen sind verdächtig.

Wir alle sind Überbau und sollten uns entsprechend aufführen.

Unschuld

Sich mit abstrakten Problemen zu befassen, ohne wirklich in Not zu sein, den Ordnungen der Dinge oder der Wörter nachzudenken, ohne dass dies ein Unglück veranlasst hätte – dies will einem so verquer vorkommen, dass man es auf eine Stadtvergiftung des Gehirns oder eine Landläufigkeit der Existenz zurückführen möchte.

Müsste ich das Gemütsalter eines Menschen beschreiben, der Philosophie durchaus studieren will, würde ich sagen: Abgefeimt wie ein Kind.

Dieser leichtfertige Ernst von Unkindlichen …

Sie strömen in die Hörsäle, ihre Unschuld zu verlieren, und behalten sie für immer – Philosophen versiegeln ihnen jede Öffnung.

Manchmal entdeckte ich tatsächlich ein ›philosophisches Talent‹ zwischen den Bänken; da befiel mich sofort vorlaufende Traurigkeit vor jener Frühreife, der so offensichtlich alle Entwicklungen abgeschnitten sind – allen voran die zur Verzweiflung.

An Berufsdenkern bemerkt man jene Naivität, die man nicht bezaubernd finden kann. Es sind Kinder, die keine haben wollen, um selber welche bleiben zu können.

Weisheit für etwas zu halten, das man nötig haben könne, ohne in Not zu sein – darin besteht der Initialirrtum jedes Studenten der Philosophie.

Ich kenne kein anderes Volk, das sich selbst so viele aufmunternde Klapse verpasst hätte wie die Philosophen.

Wenn die Unschuld einmal gestreichelt sein will, so nennt sie ihresgleichen ›raffiniert‹.

Der Glaube, dass sein Denken den Funken göttlicher Frechheit schlage, ist bei einem Philosophen das sichere Vorzeichen der Verbeamtung.

Immer ist man froh, wo ein Philosoph Verantwortung übernimmt, denn was sich nicht mehr verantworten lässt, das verträgt ein Engagement. Der Philosoph ist nicht verantwortlich, er engagiert sich.

Die Gereiztheit, die der Anblick des Unschuldigen oft erzeugt, kommt am wenigsten von seiner Unschuld bzw. der Macht, die durch sie spricht. Man ärgert sich vielmehr an der *Persönlichkeit* des Unschuldigen, jenem engen, zerbrechlichen Röhrchen, durch das sich irgendein Machtspruch, irgendein Verhängnis presst, um sich aus breitem Mundstück in kleinen Tropfen zu ergießen. Wenn man selbst jemals von ungeleitetem Unheil überspült wurde, dann können die Ergüsse des Unschuldigen nur langweilen, verärgern, erbittern. Die Unschuld der Philosophen erbittert, durch die sich ein Unheil ›mit Gott‹, ›mit Kant‹, ›mit Gründen‹ versprüht.

Ehrgeiz

Der Ehrgeizling des Geistes und insbesondere der Philosophie – der ›philosophische Erotiker‹ – wirkt wie das direkte, aber verkehrte Abbild des wahrhaft Liebenden, der ja immer in ein konkretes Stück Materie vergraben ist: Der philosophische Ehrgeizling pflegt den abstrakt interessierten Gesichtsausdruck, der sich krönt in dem konzentriert geschlossenen Mündchen, das gespitzt wie zum Kuss in irgendein Nichts ragt. Chamfort spricht in den *Maximes* von einer Liebe, die, wenn auch noch so ehrbar, eine Seele den kleinen Leidenschaften der Gattin, dem Ehrgeiz, der Eitelkeit usw. erschließe. Der Ehrgeiz der weit meisten Philosophen wirkt wie eine Frucht solcher Passion, ohne dass von der treibenden Kraft selbst noch eine Spur zu finden wäre. Besagter Ehrgeiz, der Worte und Werke häuft, dürfte angesichts gewisser Risse im Boden kaum versiegen und eher noch frecher werden: hoffnungsfroh, dass in dem allgemeinen Versinken auch die Silbenzähler und Wortwäger verschwinden, die dem Werk-Ehrgeiz das irdische Maß abnehmen wollten.

Die Ehrfurcht, die der Ehrgeizige erweckt, ähnelt der Ehrfurcht vorm Religiösen, der sich nutzlos für eine Gottheit zerfleischt – in beiden Fällen imponiert an solchem Furor, dass man nichts davor noch dahinter findet.

Der Anblick von Stumpfsinn beflügelt eher als der von Intelligenz. Man kann sich sagen: das kannst du auch, statt: das kannst du nicht.

Unbeschwerlich ist der Umgang mit Denkern nur dann, wenn sie keine Denker zu sein glauben.

Zwischen Blödsinn und Banalität findet der Ehrgeiz die professionelle Mitte.

Ein Geist, der sich überarbeitete, hat fast immer Unnötiges produziert.

Beschäftigung mit dem Nutzlosen frommt allein den Unnützen.

Der Streber glaubt, dass er vorangeht, wo er vorankommt.

Ehrgeiz ist tatkräftiger als Talent.

Vor Untiefen schützt Verbohrtheit nicht weniger als Oberflächlichkeit.

Wahrscheinlich ist der Ehrgeizige ein Mensch, der, verstreute er sich nicht in Ambition und Produktion, ein noch größeres Unheil über Geist und Welt brächte.

Vom Ehrgeiz findet man nicht mehr zum Eros zurück – so wenig wie vom Stumpfsinn zum Wahnsinn.

Der Anblick von geistiger Trägheit macht traurig, der von geistigem Eifer melancholisch.

Die moralische Fühllosigkeit des Strebsamen ist Tatkraft gewordene Resignation.

Talente sind verbreiteter als Talent.

Was bedeutet der Einwand, es gehe *um nichts*, schon gegen die Gewissheit, in allem *recht* zu haben?

Wenn man manche begabten Leute nicht ständig unterfordert hätte, wären sie vielleicht niemals auf ihre Begabung aufmerksam geworden.

Göttliches streift den Ehrgeizigen einzig in den Momenten der Müdigkeit.

Der Professionelle, der Popularität sucht und findet, hat meist tatsächlich mehr Witz und Urteilskraft als seine Kollegen … und wirkt, in seinem Glück, doch irgendwie schwachsinnig.

Die Apotheose gewisser Dummköpfe in den Akademien ist das einzige Mysterium, in das ein strebsamer Gelehrter, zuweilen, am Ende seiner Laufbahn eingeweiht wird.

Es genügen zwei verfeindete Schulen, damit sich der junge Ehrgeizige über seine Möglichkeiten orientieren kann.

Philosophische Meisterschüler, die nicht ihre Lehrer schmähen, sind uninteressant oder noch in der Ausbildung.

Eine intellektuelle Karriere machen heißt seine Einsamkeiten wechseln wollen.

Kaum ist man dem Alter entwachsen, da man als Bittsteller agieren musste, sieht man sich selbst von Bittstellern umzingelt – und sieht in die trostlosen Visagen seiner Anfänge.

Der geistige Aufsteiger hat sein eigenes Feuer: er braucht viel heiße Luft für seinen Ballon.

Die Ängstlichkeit rettet sich in den Ernst, der Ernst führt zur Langeweile, die Langeweile findet zum Ehrgeiz, der Ehrgeiz beruhigt sich in der Eitelkeit.

Der ehrgeizige Geist lernt allein in der begrifflichen Zwangsjacke, wie man sich angemessen bewegt.

Das Ärgerliche am Jungphilosophen ist nicht, dass er keine Ideen oder keine Erfahrungen hätte, sondern dass seine Ideen und seine Erfahrungen kein Verhältnis zueinander haben. Was man eine geistige Biographie nennt, stellt dieses Verhältnis nicht her, sondern sorgt nur dafür, dass ihr Held eines von beiden verrät, seine Ideen oder seine Erfahrungen.

Der Ehrgeiz des Philosophen, eine öffentliche Rolle zu spielen, entwürdigt ihn schon deshalb, weil man ihm dann ›eine menschliche Seite‹ zubilligen wird.

Der Ehrgeiz eines jungen Philosophen ist von besonderer Art: er konzentriert das Denken auf jene einzige Stelle, die der Meister dem Jünger vorgab, und er konzentriert auch den Gesichtsausdruck auf eine einzige Stelle. Man darf die Behauptung wagen, dass es der Mund ist. Konzentrisch zusammengepresst, gespitzt, vorgeschoben bis zur Konkurrenz mit der Nase … den Jungphilosophen, das Meistermündel verrät fast immer diese Mündchenhaftigkeit, das angestrengte Schmeckenwollen einer niegekannten Süße.

Unbegreiflich, wie einer sich ein Leben abstrampeln kann für das Renommee eines Guru, ohne dessen Geschmack an Minderjährigen zu teilen.

Unglück

Vergebens hofft man auf Geschmack und Urteil bei solchen, denen die Unverblümtheiten der Verzweiflung fremd sind.

Wer unter Philosophen geht, der sollte wissen, dass es dort kein Unglück, aber auch keinen Trost gibt, er sollte wissen, dass es nichts gibt, woraus Philosophen keine Worte machen würden – er sollte wissen, dass man ihm alles nehmen wird, wovon er jemals sprach.

Philosoph sein wollen, das ist der Entschluss, keine Erfahrungen mehr zu machen, also mit den Erfahrungen auszukommen, die man bis zum Entschluss machte. Diese Erfahrungen sind so geringfügig, dass sie sich in einem Philosophenleben spurlos verlieren; beträchtlich dürfen sie schon deshalb nicht sein, weil sich dann zwar von ihnen leben ließe, jedoch kaum als Philosoph. Immerhin wäre denkbar, dass ein Philosoph von einer einzigen Erfahrung lebt – aus der Angst, eine andere zu machen. Sie würde das Philosophendasein in zwei unvergleichbare Hälften teilen und es von allen Verlegenheiten befreien. Angst als Institution befreit ein Denken, ohne ihm seine Gegenstände zu rauben; in der Angst ist dem Philosophen immer gegenwärtig, was er nicht erlebt hat, und wo er sich nicht mehr fürchtet, da hört man das Nichterlebbare selbst sprechen. Das Grauen spricht so.

Gewisse Bücher sollte man nur aufschlagen, wenn einen der Schmerz langweilt und das Glück ängstigt.

Sich den Klischees verweigern heißt sich der Wirklichkeit verweigern, um in der Wahrheit ein karges Unterkommen zu finden.

Das breiteste Gesäß hat die Skepsis, die auf der Verzweiflung sitzt.

Wahrheit ist die Art der Trauer, von der keine Tränen erlösen.

Auf dem Wege in die Verzweiflung waren sie irgendwann in der Philosophie steckengeblieben, und auf ihren Gesichtern malte sich dieser kläglich-erstaunte Ernst von Halbverzweifelten …

Fraglosigkeit

Ich weiß selbst nicht, warum mir der Anblick der Philosophen immer mehr Grauen erregt. Vielleicht, weil sie etwas haben, das ich nicht habe, vielleicht, weil ich ihnen nicht in die Augen blicken kann darum: ich habe keine ›philosophischen Probleme‹.

Dass die Philosophen überhaupt mit mir verkehren, spricht eigentlich schon gegen das, was sie tun, wenn sie mit niemandem verkehren.

Wäre ich Philosoph, wollte ich natürlich Klassiker werden, um unbehelligt zu bleiben.

Das Antworten gelernt zu haben, ohne dass einen Fragen je gedrückt hätten: Erfolgsformel aller Professionalität.

Nur die Autorität darf verständnislos tun, ohne dadurch an Ansehen einzubüßen. Vielleicht darf sie sogar überhaupt niemals verstehen.

Alles bezweifeln ist die Pubertät, alles gelten lassen die Senilität des Skeptizismus.

Wer den Spezialisten befragt, erhält Allgemeinplätze zur Antwort.

Wissen macht frei in einer Wüste des Nichtwissens.

Im Weisheitsgeschäft gibt es mehr Antworten als Fragen – es gibt ja auch mehr Philosophen als Denker.

Wer sich auf den Verkauf von Lösungen spezialisiert hat, entdeckt überall fehlendes Problembewusstsein.

Philosoph ist, wer weiterspricht, wenn keine Antwort mehr zu erwarten ist.

Wenn Philosophie eine Sammlung von ›Problemen‹ wäre, könnte deren Lösung unmöglich philosophisch sein.

Die Scham darüber, keine Fragen mehr zu haben, kommt aus derselben Wohlerzogenheit, die die fließende Rede einleitet; ein wohlerzogener Mensch schämt sich ja auch, im Besitz nur *einer* Antwort zu sein.

»Was ist Ihre Meinung zu Nietzsche (Hegel, Kant, Goethe, Platon usw.)?« Der Simpel mit dem Schreibblock darf auf den Gimpel hinterm Schreibtisch setzen, der ihm Antwort geben wird.

Trostlosigkeit

Wer einmal Trost benötigte, weiß, warum er die Philosophen fortan meidet. Sie holen Atem nur, um zu sprechen, sie sind keines reinen Lautes, keines Seufzers fähig. Die Trostlosigkeit der philosophischen Verlautbarung ist sprichwörtlich. Die Philosophen verderben nicht nur den Trost, sondern auch den Kummer, den sie zu keinem Ende zu steigern wissen, sowenig wie die Klage. Man bleibt in ihren Mittellagen stecken. In philosophisch getragener Rede findet man kein Ende. Ein Wort ergibt hier das andere, ein Gedanke den nächsten, eine einzige Erfahrung liegt darunter, lebendig begraben, und kann doch nicht sterben: Kein Kummer löst sich, jegliches Leid erstarrt, weil bei den Philosophen der Schmerz nicht aufheulen darf. Sie mischen ein Quäntchen davon endlos, auf dass es sich ja nicht zu einem Unglück vollende, vor dem sie verstummen müssten. Sie haben aber auch den Anfang, das Wissen von Anfängen, getrübt: Die Langeweile, die in guten Tagen zu ihnen lockte, haben sie unkenntlich gemacht, in einem Wissenseifer, der unwissend tut. Die Philosophen verleugnen den Schmerz, den sich die Langeweile zufügt. Sie machen ein Prinzip daraus, das Prinzip des Anfangens.

*

Eine Stunde muss noch gar nicht besonders schwach geworden sein, doch schon beginnt ein Philosophieprofessioneller zu lamentieren: seine Unbekanntheit beim Publikum, seine Verkanntheit unter seinesgleichen, die vielen Pflichten, die wenigen Stunden zum Schreiben seiner Bücher usw. Kein Zweifel: Ein Mensch in Not, der sich an einen Philosophen wenden wollte, wäre wie ein Gottsucher, der einen Theologen nach dem Weg fragte.

Einem professionellen Philosophen fehlt das Talent, an der Dummheit des Seins oder der Wirklichkeit zu leiden; bestenfalls leidet er an ihrer Unvernunft. Aus solchem Leiden kommt natürlich kein Trost, nur jenes Gefühl erlittener Kränkung, das er in spendablen Momenten seiner Mit- und Nachwelt kundtut.

Das Werk eines professionellen Philosophen entsteht nicht angesichts ›des Seins‹ oder ›der Idee‹ oder auch nur ›der Philosophie‹, sondern – man ahnt es – angesichts seiner Kollegen bzw. der Vorstellung, die er sich von ihnen macht. Und da die Vorstellungskraft eines Philosophieprofessionellen von professioneller Beschränktheit ist …

Nur wer der Zerstreuung oder des Trostes bedarf, wird ernsthaft von den Philosophen enttäuscht sein. Nur wer unter den Reichtümern von Langeweile oder Schmerz ächzt, teilt sein Ächzen bedenkenlos auch an die Philosophen aus und mit.

Nichts bezeichnet unser Elend mehr, als dass wir nach den prächtigsten Tröstungen greifen, ohne wirklich in Not zu sein – dass wir die Trostmittel verzehren wie ein täglich Brot.

Wenn man einen großen Verzweifelten liest und hinterher erfahren muss, dass er klein von Wuchs oder bucklig oder ungeschickt mit den Frauen war ... wie ist man da enttäuscht! Wieder einer, dessen Verzweiflung auf einen Grund bauen durfte!

Die Produktivität der großen Verzweifelten, dieses Übermaß triumphierender oder heulender Trübsal, provoziert unwürdige Wünsche: man wünscht einem Nietzsche, einer Bachmann die ewige Leber und den Anblick des Federvolkes, das von dieser sich nährt.

*

Reflexion will Schmerzlosigkeit, Schmerz ist ungewollte Reflexion.

Über ein zweitrangiges Elend dürften nur erstklassige Klagen erlaubt sein.

Religiös gesprochen, wäre Philosophie die Unfähigkeit zu weinen – und zu trösten.

Alle Lügen vertrocknen irgendwann, aber sie verfaulen nicht, wie manche Wahrheiten.

Was soll schon für Trost kommen von einem, der jedes Ohr erreichen kann?

Heillosigkeit

Die Schrecken, die uns angekündigt sind, lassen niemanden übrig, der empfindungslos genug wäre, sie zu ertragen, ausgenommen die Philosophen, die sie zu Fragen erklären.

Heillosigkeit der Philosophen aus ihrer Drückebergerei vor der Wahl, Theologen zu sein oder Physiologen, Medizinmänner oder Mediziner ...

Die philosophische Äußerung erfolgt aus Situationen, in denen es möglich ist, zu schreien oder Unsinn zu reden. Die Philosophen entscheiden sich hier eindeutig.

Der Philosoph als Professor, als Publizist, als Pädagoge – ein Nachahmer des Priesters, gleichwie der Priester ein Nachahmer seines Gottes ist: Wo dieser erschafft und vernichtet, können jene nur segnen und verfluchen.

Die Menschen mit den besten Absichten, die den Planeten verwüsten, haben keinen anderen Gegner zu fürchten als die Menschen guten Willens, die alle Welt über die Kosten solcher Verwüstung aufklären.

Diese Unempfindlichkeit des Philosophen, die ihn zum Fachmann macht fürs Schreckliche und fürs Peinliche …

Schlaflosigkeit, Trübsinn und Klarsicht

Zwei Mysterien fesseln den Menschen, der über die Philosophie hinausgegangen ist: der Aufgang und der Abtritt des Bewusstseins.

Für den denkenden Menschen hat Leidenschaft nur ein Synonym: Gedankenlosigkeit.

Um sachgerecht zu verzweifeln, bedarf es: ein reines Herz (kein leeres), ein freies Gemüt (kein hohles), ein klares Auge (kein kaltes). Der Dummkopf verzweifelt nicht.

In den schlaflosen Nächten büßt man dafür, ein Wesen zu sein, das zu 95% aus Bewusstsein besteht.

Auf den Schlaf der Erschöpfung folgt die Klarheit, in der sich Trübsale breitmachen können.

Wie den einen ihr Adorno, half anderen ihr Trübsinn durchs Leben.

Ein Geist, der mit allen Wassern gewaschen ist, sieht niemals wieder klar.

Warum kommt uns jeder, an dem wir kein Zeichen des Trübsinns bemerken, verwirrt vor?

Mag der Philosoph auch der ›Funktionär der Menschheit‹ (Husserl) sein, so bleibt der Trübsinnige doch der Verwalter der Existenz.

Manchmal erscheint es anständiger, sich still zu betrinken, als sich im Delirium der Aufgewecktheit zu wälzen.

Über dem Grab unserer Kultur könnte stehen, was über dem Grab jedes einzelnen von uns stehen könnte: Ihm ward nicht der Schlaf gegönnt, zu dem er fähig gewesen.

Ernst

Nichts Auswegloseres als der Ernst, der mit einem Scherz eingeleitet wurde!

Der Ernst des Ernsthaften ist genauso kindisch wie sein Humor.

Wie kann man jemanden ernstnehmen, der sich ernstnimmt?

Die Arroganz des Verstandes ist fast immer erarbeitet, die Arroganz der Seele meistens erzwungen.

Schrecklicher als der Ernst der Philosophen ist ihr Gelächter. Wen hätte nicht schon vor dem Einsamen gefröstelt, der über die eigenen Witze lacht …

Ein ernsthafter Geist will für alles verantwortlich sein, selbst noch für die Witze, die man über ihn machen kann, deshalb macht er sie selbst.

Man weiß nicht, was man alberner finden soll: Einen Philosophen, der von etwas überzeugen will, oder einen Philosophen, der von etwas überzeugt ist.

Spaßvögel sind die Geier, die sich von der Leber des Ernsthaften nähren – und auf ihren Tran vertrauen.

Wer sich selbst ernstnimmt, ist weiter vom Lächeln entfernt, als wer die Welt ernstnimmt.

Skandalöser als die kurrenten Metaphysiken war stets der Ausdruck von Behaglichkeit in den Gesichtern ihrer Urheber.

So sehr die Ernsthaftigkeit auch simpel und aus einem Holz ist, ihre Wirkungen sind nicht anders denn als Paradoxie zu erleben: man langweilt sich in der Nähe eines Ernsthaften, weil man sich dort nicht langweilen darf, die Angst vor der Langeweile ist – Langeweile.

In der Umgebung des Langweilers drückt jedes Gesicht den Stolz auf bestandene Leiden aus.

Der Ernst des Lebens … er bleibt unerfahrbar für die ernsthaften Leute.

Bedeutung

Es erweckt Zweifel an der Kompetenz von Berufsdenkern, wenn man sie sich gegenseitig loben hört statt sich selbst.

Bedeutung hat ein Philosoph nur in dem Land, wo es ihn die Pension kosten kann, wenn er Eindruck macht.

Der Wichtige weiß nicht nur, was wichtig ist, er teilt es auch mit.

Es gibt immer mehr Rückseiten als Vorderseiten der Medaille.

Kein Philosoph will begreifen, dass manches, was er denkt, nur bedeutsam wäre, wenn es kein Philosoph dächte.

Entbehrlich ist, was nicht jeder kann, denn unentbehrlich ist, was man nicht können muss; entbehrlich sind die Unersetzlichen.

Merkwürdig, dass sich ein denkendes Wesen mehr für Bedeutungen ereifern kann als für Bedeutungslosigkeit …

Das Lächerliche des Hochnäsigen liegt in seinem Drang, zugleich den Blick zur Erde zu richten, um dort nach Vorteilen zu spähen.

Es berührt seltsam, wenn man schon junge Philosophen über das ›Mittelmaß‹ in ihrer Zunft klagen hört ... Die Paradoxie des Berufsdenkers ist nicht, dass er mittelmäßige Gedanken hat, sondern dass er glaubt, dereinst keine mittelmäßigen mehr haben zu müssen.

Man kann die Ernsthaften nicht ernstnehmen. Wäre aber oft bereit, so zu tun, wenn sie einem durch eine Ritze ihres Ernstes ein Zeichen gäben, dass sie hinter oder gar über ihm stünden.

Es genügt dem Wichtigtuer das Wissen, dass eine Tür offen sei, um sie nach Durchschreiten für den Rest eines eingerannten Hauses zu erklären.

Je länger er schwieg, desto bedeutender fand er sich. Leider konnte er diesen Befund nicht für sich behalten.

*

Mancher beginnt wortreich zu verachten, damit man ihn endlich beachte.

Dem Nichtverstandenen bleibt der Weg ins Nichteinverstandensein.

Angst davor, trivial zu wirken, ist das sichere Indiz für Trivialität.

Elite heißt die Masse derer, die unter sich bleiben wollen.

An die Nachwelt zu glauben ist die verzeihliche Schwäche desjenigen, der zu viele Jahre in ihrer Vorwelt zugebracht hat.

Nicht schon der Ruhm macht einen Philosophen lächerlich, sondern erst sein Glaube, er hätte sich den Ruhm mit seiner Philosophie verdient.

Ruhm befördert nicht immer die Dummheit, doch macht er es leichter, sie zu tragen.

Was sich über allem anderen hält, hat selten ein eigenes Gewicht.

Der Ruf mancher Köpfe ist derart katastrophal, dass ihnen nur ein Ausweg bleibt: sie müssen andere Köpfe loben.

*

In manchen Zeiten verdankt man es dem Ruhm der Hohlköpfe, dass man überhaupt noch eine Vorstellung vom Ruhm hat.

Provinziell wirkt der Geist, der seine Seele an die Hauptstadt verkaufte.

Von wie so manchem Preis möchte man nicht sagen: Wenn es jemanden gibt, der ihn verdient hätte, dann wäre ich es – und wenn es jemanden gäbe, der es verdient hätte, ihn mir zu verleihen, dann müsste ich nicht im Konjunktiv davon reden.

Je aufrichtiger die Verehrung, desto schüchterner das Lob.

Sein Leben lang ging er gebückt, um nicht zu fallen, und zum Dank hängten sie ihn auf, ganz oben.

Kongress

Welcher Philosoph träumte nicht davon, zu Kongressen geladen zu sein, auf denen er verstummen dürfte?

›Philosophenkongress‹. Hat man je von einem ›Tyrannenkongress‹ gehört? Und doch wäre ein Kongress von Philosophen, die auf sich hielten, genau das!

Außerhalb der Profession kann sich nur der Eiferer behaupten – oder der Unprofessionelle, der hin und wieder Eifer zeigt.

Wie die Kunst ins Feuilleton, so gehört die Philosophie auf den Kongress.

Die wenigsten Polemiker erheben sich zur Selbstbeschimpfung.

Ab dreien beginnt das Seminar und endet das Gespräch.

Wer sich auf einer Fachtagung nicht langweilen will, muss sich etwas zu lesen mitnehmen, am besten Fachliteratur.

Ideen, die nicht mehr den Ton angeben, krepieren als Kongressgespräch.

In einer Hinsicht trägt jeder andauernd Kongressreisende den Philosophen in sich: er hat kein geistiges Vaterland, er kennt nur die Welt und seine Provinz. Ihm fehlen kulturelle Mitte und Erdung, er wächst unaufhörlich, ohne je zu erblühen. Der kongressreisende Philosoph schließlich, eine vorzeitig für den Export geerntete Frucht, reift unterwegs, er reift zum weitläufig Zerstreuten, ob er will oder nicht.

Beflissenheit

Entsetzen wäre die methodische Form des Erstaunens.

Wo das Erstaunen eine Pflicht ist, wird Schwerfälligkeit Routine.

Eine Zusammenrottung von Philosophen ist durchaus keine intellektuelle Katastrophe, sondern ein Philosophiekongress.

Nichts ist professionellem Ehrgeiz unbegreiflicher als der Ennui, der eine intellektuelle Leidenschaft ausbrütet.

Aus einem Refugium für edle Versager ist noch stets ein Rennstall für unruhig stampfende Ehrgeizige geworden, die, einmal losgelassen, das Gras zertrampeln, von dem jene nicht mehr fressen wollten.

Die Universitäten quellen über von Eckermännern, eingeklemmt zwischen dem Räuspern des Geheimrats, das sie zu protokollieren haben, und dem Keifen einer Verlobten, die nun schon seit Jahren hofft, dass ihr Herzensecker endlich eine Stellung, eine Zukunft usw. Einen Unterschied gibt es freilich zwischen dem Archetypus und seinen Nachbildern: diese dürfen auf keine *Gespräche mit G.* hoffen, deren Scherenschnitt der Nachwelt mitzuteilen lohnte; die Exzellenzen und Eminenzen der Fußnotenprosa diktieren diese nur den ganz jungen, unverbrauchten, also *brauchbaren* Leuten.

Methode macht das Arbeiten leicht und das Denken gewichtlos.

Nur die Unaufgeklärten verlangen und verbreiten Aufklärung.

Einfältigkeit und Wissenschaft bringen einen Geist voran.

In geschlossener Gesellschaft gelingt es dem Philosophen am ehesten, eine gute Meinung von sich zu gewinnen, denn man bedeutet ihm hier unumwunden, dass er für einen Nichtsnutz gelte, wofern er nicht das Gegenteil beweise.

In einer freien Gesellschaft muss der Philosoph seinen Beruf für so notwendig halten wie sein Leben.

Neid ist konsequenter als Bewunderung, daher das Überzeugende des Strebertums.

Fanatismus ist kein Temperament, sondern eine Trägheit des Verstandes, leider nicht des Willens!

Nichts ist seltener unter Philosophen als Urteilskraft. Jeder Nicht-Philosoph, der einmal philosophische Aufmerksamkeit erregte, hat dies erfahren müssen.

Wem Dialektik im Denken nicht gegeben ist, der kann sie doch wenigstens am Leibe walten lassen, im Hin und Her auf gesicherter Grundlage, ganz wie jener Geistesgroße, der beim Gesammelte-Werke-Schreiben das Gewicht seines Geistes mal auf die eine, mal auf die andere Gesäßhälfte legte.

Auftritte

Unglaublich, wie ein erwachsener Mann Vergnügen haben kann am Monolog, gehalten im Angesicht einer schreibenden, tuschelnden, schmatzenden, dann und wann telefonierenden Menge von Halbwüchsigen.

Ein Schwachkopf, den man seit längerem verstorben glaubte, besteigt wieder das Podium. Wie sollte man da nicht vor dem Wunder der Epiphanie erschaudern?

Er begreift nicht, warum niemand über die Witze lacht, die er vom Pult herab sendet, er begreift nicht, dass niemand über die Witze eines Auferstandenen lacht, dessen Hände den Sargdeckel umklammern.

In einer zeitgenössischen Universität wäre das Lehren erträglich, wenn man die Massen ignorieren könnte, die dort Lehren erwarten.

Eine öffentliche Rolle anzustreben, heißt Publikum nötig zu haben, um sich Einwänden stellen zu können.

Mit Wahrheiten lässt sich keine Diskussion eröffnen.

Jemanden fünf Minuten oder länger ohne Pause sprechen zu hören ist ein solcher Angriff auf unsere Selbstachtung (um einmal einen recht philosophischen Ausdruck zu benutzen), dass wir nicht anders antworten können als mit Aggression: mit einer Grundsatzerklärung, einem Korreferat, einem Sekundenschlaf.

Bei einem, der immerfort reden muss, hat zuletzt das Vertrauen auf die Zuhörer jede Vorstellung von ihnen ersetzt.

Um als Lehrer von Ideen aufzutreten, bedarf es zweierlei: Man muss sich wiederholen können und man muss glauben können, vom Inhalt des Wiederholten hinge das grenzenlose Geisteswachstum in einer unbegrenzten Menschenmenge ab.

Ein öffentlicher Geist zweifelt eher an seiner Verständlichkeit als an seinem Verstand.

An die Tiefe des Unsinns, den er hervorstößt, glaubt der Frischfröhliche sofort, wenn er die schmerzverzerrten Gesichter ringsum sieht.

Ein professioneller Philosoph führt Selbstgespräche nur dann, wenn jemand zuhört.

Der Lehrer der Philosophie steht vor folgender Wahl: zu lehren, was jedermann lehren kann und sich also zu langweilen wie jedermann, oder zu lehren, was nicht jedermann lehren kann, und stumm und einsam zu leiden am Entzücken der Dummköpfe.

Die didaktische Krankheit diagnostizieren in der Regel Lehrer, die sich von anderen Lehrern ungern belehren lassen.

Auf keiner ordentlichen Schule würde ein Lehrer von sich behaupten, dass er *Schüler hat*. Der Lehrer der Philosophie nimmt aus dieser Behauptung sein ganzes Selbstbewusstsein.

Gesprächsweise

Wie konnte man Gespräch nennen, wo man sich zu Wort melden muss?

Fast unverwundbar ist, wer gefragt werden muss … wer schweigen darf.

Antworten, das heißt unter Philosophen, die Frage vergessen zu können.

Die festen Stimmen, die harten Sätze: Zeugnisse der Unaufrichtigkeit eines Denkers ebenso wie der Unbestechlichkeit des Denkens.

Philosophen reden, wenn jemand zugegen ist. Sie verstummen in der Einsamkeit. Denker verfahren umgekehrt, ihr Reden vereinsamt.

Die Verkrampfung, rechtbehalten zu müssen, übertäubt alles, selbst den Hunger; der Mensch im Recht ist der zur Faust geballte Magen, der nichts mehr aufnimmt.

Dieses Denken zu mehreren, dieses Denken *voreinander*, das philosophische Diskussionen sein wollen – wäre es nicht eine Obszönität, mindestens?

Probleme, die man auf Philosophiekongressen verhandeln kann, sollte man nur auf Philosophiekongressen verhandeln.

Wer andere Meinungen erträgt als die eigene, beweist damit vor allem, dass er sich seine Meinung nicht ganz zu eigen gemacht hat.

Unbegreiflich, wie man ein Gespräch unter mehr als vier Augen einen geistigen Austausch nennen konnte, ja überhaupt ein Gespräch!

Eine Idee kann uns niemals ganz gehören, anders als ein Irrtum.

Wenn eine Oberfläche die andere spiegelt, halten beide sich für tief.

Aus Langeweile so viele Fragen stellen, dass man als wissbegierig gilt …

Was uns nichts mehr sagt, ist meist das, was einmal gesagt werden musste.

Weniges wirkt aufdringlicher als eine Definition, nach der niemand verlangte.

Sprechenmüssen demütigt mehr als Schweigenmüssen. Das weiß jeder, der einmal ungefragt sprechen musste.

Ein Gespräch mit ihm ist unmöglich. Es ist unmöglich, *vor einem Philosophengesicht* zu denken, man kann an nichts anderes mehr denken als an die eigene Begabung für ein solches Gesicht ohne Gedanken dahinter.

Vertreter

Wer erfahren hat, was ein Vertreter ist, der weiß auch, was das Böse ist. Das Böse steht nie für sich selbst, sondern für ein anderes; es ist zu allem gut. Es ähnelt gewissen Menschen und Dingen, die zu nichts da sind und für alles geeignet. Das Böse ist unvollständig, nicht nur, weil es von etwas abfiel, sondern weil ihm immer etwas fehlt. Progression und Propaganda: Das Böse stößt vor oder gibt vor, es ist allem gefährlich, das nicht zu ihm gehört. Das Gute: ein All. Selbstgenügsamkeit, Selbstzufriedenheit, Antriebsfreiheit, Sattheit. Muss man hinzufügen, dass böse allein das Gute ist, *in* die Welt versetzt? All diese harten, umherschießenden Kügelchen …

Das Missverhältnis zwischen dem Ungeheuren und den Philosophen, die zu seiner Vertretung kommandiert sind, lässt sie in ihrer schürzenden Winzigkeit oft als die Herren des Ungeheuren erscheinen … man sieht Ungeheures und hört ein allerdings gravitätisches Wispern.

Der flinke Moralphilosoph – immer auf dem vorletzten Stand der Technik, deren Folgen er rechtfertigt …

Jemand, der die Warze des Unheils bespricht: ›Globalisierung‹ war ›schon immer‹, denn ›der Mensch ist universal angelegt‹.

Das Apologieheimchen, das Merkurmännchen eilt von der Verurteilung der Vergangenheit zur Rechtfertigung der Zukunft und wieder zurück, es ist unbelangbar in der Gegenwart.

Unvorstellbar ein Überzeugter, für den seine Überzeugungen so selbstverständlich wären wie seine Ansichten! Überzeugungen versteht man nicht, man zeigt sie.

Das einzige geistige Abenteuer des Vertreters bildet die Entdeckung, dass er auf die falsche Sache gesetzt habe – auf eine, die seiner nicht mehr bedarf.

Der Linksintellektuelle hofft, der Rechtsintellektuelle glaubt, dass man ihn nötig habe. Die Mitte kennt keine intellektuelle Not.

An Aufklärern beeindruckt nichts so sehr wie ihr Talent, dem jeweils aufgeklärtesten Despoten beizupflichten.

Sobald sie auf die Gehaltsliste gesetzt sind, glauben manche Intellektuelle, sie wären keine mehr oder sie wären mehr als das.

Weniges verdrießt mehr als der Anblick eines, der für alles und nichts verantwortlich ist und der, statt den solch lähmender Losgelassenheit angemessenen Humor zu entwickeln, ernsthaft zappelt wie einer, der an *konkreten* Schnürchen hängt.

Überzeugungen muss nur haben, wer danach gefragt sein will.

Die wenigen Moralphilosophen, die tatsächlich eine Moral begründen konnten, teilen sich in zwei Klassen. Die eine spricht: »Das haben wir nicht gewollt.« Die andere: »Wo gehobelt wird, fallen Späne.«

Apologeten von irgendetwas repräsentieren eine gewiss bedrückende Sorte Dummheit, doch ist es nicht ihre Dummheit, die bedrückt. Im Gegenteil. Nehmt dem Apologeten die Sache, von der er meint, dass sie ihn nötig habe, und das Gallert eines zerfließenden Innenlebens wird euch ersticken.

Freidenker und andere Eiferer glauben, im Besitz der Wahrheit zu sein, nur weil nach ihren Enthüllungen alles gähnt.

Dem Unvermeidlichen vorauszueilen, um für seine Erklärung oder wenigstens seine Heiligsprechung aufzukommen, muss den Ehrgeiz jedes Philosophen bilden, dem vor der Seriosität graut.

Die Behauptungen der meisten Philosophen sind so unheimlich gerade deswegen, weil niemand sie je einer Gefängnisstrafe für wert halten wird.

Wenn die philosophischen Ethiker der Wissenschaft, der Technik, der Industrie ihre begrenzten Zugeständnisse und strengen Auflagen mitteilen, denkt man unwillkürlich an das Wort von den Zwergen, die ihre Schultern für Riesen freihalten.

Der Denker, der nicht gegen ein Übermächtiges anrennt, entwürdigt sich.

Geist, Redlichkeit, Erkrankung

Seine Heldentaten vollbringt der Geist nur da, wo es das Leben kosten kann, wenn er Eindruck macht.

Am Dummkopf verstört nicht, dass er geistreiche Einfälle hat, sondern dass er ausschließlich geistreiche Einfälle hat.

Den zugereisten Geist aus der Provinz drängt es, sich zu verraten, meist durch die Urbanität seines Witzes.

Der einsichtige Dummkopf wird sich vor einer intellektuellen Höhe hüten, deren Lob nur noch von den Dummköpfen darunter tönen könnte.

Wer in Geistesabwesenheit leben will, muss wenigstens eine Leibrente akzeptieren können.

Das Volk weiß, was verrückt ist, der Gelehrte fühlt es.

Nur im Geistesleben sind die Armen freigebig.

Man hofft vergeblich auf geistige Gemeinschaft der Lauteren, denn die lauteren Geister leben nicht in Gemeinschaft.

Gewalt lässt sich beherrschen, Vernunft nicht.

Unschuld kleidet die Seele und entblößt den Geist.

Das Genie des Herzens beschämt oft das Herz des Genies.

Ohne Not originell sein – Erbsünde des Geistesfacharbeiters.

Geistesreichtum macht einen Menschen so intolerant wie Geistesarmut.

Hintergedanken bilden den Salon, Vorurteile das Foyer eines Geistes.

Begeisterung: der Notausgang, wenn es für die Geistlosigkeit eng wird.

Nur Fleisch kann einen Geist ernüchtern.

Keine Geisteskraft ohne Einsamkeit, keine Einsamkeit ohne Monotonie, keine Monotonie ohne Routine – im Leben, im Denken, in allem.

Unwiderstehlich der Charme eines Geistes oder Ungeistes, für den kein Philosoph mehr einstehen will, überirdisch die Süße der Fäulnis, die ihn am Leben hält!

Wie viele Philosophen laufen nicht rot an beim Denken, wie wenige aus Scham vorm Gedachten!

*

Sobald das Geistesleben nicht mehr Einsiedlern, Großmäulern und Wahnsinnigen vorbehalten ist, wird es zum Schauplatz einer morbiden Geschäftigkeit.

Nur wer seine elementaren Bedürfnisse vernachlässigt, erfährt die elementaren Zwänge der Welt.

Entweder der Geist ist auf der Seite des Lebens, dann dient er ihm, oder er steht gegen das Leben, dann profitiert er von ihm. Lächerlich ist nur die Verheißung von Geistesprofit aus dem Lebensdienst.

Manchmal genügt schon die Unlust, sich in der Öffentlichkeit zu zeigen, um eine ›geistige Existenz‹ zu führen.

Weltekel ist meist die Notwehr jenes Geistes, der sich nicht füttern lassen will.

Der Geist kann seine Welt, jedoch keine Heimat haben. Darum wirkt der Spezialist so komisch wie nur ein Geist, der es sich in der Welt wohnlich zu machen verstand.

Der Ausgangspunkt aller geistreichen Beobachtung ist das Missverhältnis zwischen der Ordnung des Reichtums und der Ordnung des Geistes.

Klarblick ist keine einsame Evidenz, sondern die Ahnung, dass eine Gesellschaft von Klarblickenden noch unbegreiflicher wäre als das, was man jetzt schon sieht.

›Selbsterkenntnis‹ … Was kann das anderes sein als ein Urteil über uns von unsresgleichen, auf das wir keinen Einfluss haben?

Der Glaube an die Möglichkeit einer Geisteswissenschaft ist häufiger als der Glaube an die Existenz des Geistes.

Die politische Macht gewisser Dummköpfe zwingt uns, viele Stunden und Jahre über die Miseren des Geistes nachzudenken, statt uns augenblicklich und für immer der Misere des Daseins zuzuwenden, kurz: der Misere an sich.

Als Geisteswissenschaftler gilt gemeinhin, wer sich über die Naturwissenschaften empört, die dem Kapitalismus behilflich sind, Wohlstand und Langeweile und das Verlangen nach Geisteswissenschaften zu erzeugen.

Geistige Provinz ist, was seine Seele an die große Stadt zu verlieren sucht – oder fürchtet.

So wenig wie eine anständige Bürgerin mit der Liebe, wird sich ein anständiger Mensch mit dem Geist sein Leben verdienen wollen.

Im Bereich des Geistigen ist die *Äußerung* am allerwenigsten ein Lebensbeweis.

Aufrichtigkeit heißt, die Vorurteile auf seiner Seite zu wissen.

Um nicht lächerlich zu wirken, müssen die ›Ideen‹ von einem Geist eingegeben oder dem Menschen eingeboren sein.

Skeptiker darf sich jener Pausbäckige nennen, der in Gewissheiten schwelgt, vor denen magere Geister zurückschrecken.

Der Zweifel erreicht, wie das Gebet, seine wahre Stärke nur in privaten Räumen. Es ist unmöglich, öffentlich den Zweifler zu spielen und sich nicht als eitlen Tropf zu entlarven.

Zweideutigkeit ist das mindeste, was man von der Rede eines Menschen erwarten darf, der nicht zum Reden verpflichtet ist.

Was am kritischen Geist von Profession oft so sehr verstört, ist eine zu kurz gekommene Unterwürfigkeit. Wie aber auch alles prüfen und nicht dem Geprüften zu Füßen liegen dürfen?!

Die meisten Menschen macht ein wenig Geist nur ein wenig dümmer.

Kann eine Wahrheit soviel zerstören, wie es Wahrheitsliebe in Kauf nimmt?

*

Gelegentliche Geldgeschenke entehren das Denken weniger als unaufhörliche Arbeit am Gedanken.

Das freie Denken ist ohne Auftrag. Doch seine Freiheit stammt nicht aus leeren Auftragsbüchern.

Geist verkümmert nur an zwei Orten: in einem freien Beruf und in einer festen Anstellung.

Großer Aufwand des Geistes im Dienste großartiger Ziele wirkt unfehlbar lächerlich.

Sobald man die Verantwortung für das Heil fremder Seelen abgelegt hat, bewegt man sich zwanglos in den Nöten des eigenen Denkens.

Nur dort herrscht Geist, wo er von etwas zehrt, das ihn nicht bemerkt.

Ein Geisteskranker. Wie stolz das klingt.

Der Gedanke

Der Mensch hat Meinungen über die Dinge, der Philosoph hat Meinungen über Gedanken.

Gedanken stellen sich dort ein, wo man beobachtet hat und sich unbeobachtet weiß.

Wer seine Theorien vor Leuten entwickelt, verlernt es, sich selbst Einwände zu machen.

Erhabene Gedanken machen den Geist schön, schöne konservieren seine Erhabenheit.

Alles verstehen heißt nichts begreifen.

Manche Gedanken entehren einen Kopf allein dadurch, dass er sie sich aneignen will.

Der Gedanke ist schneller als der Stil – und dümmer.

Manche Gedanken ähneln Gebeten darin, dass sie allein in der Einsamkeit ihr Recht hätten … sie taugen nicht dazu, vorgedacht oder nachgebetet zu werden, sie sind nichts für Solisten vor einem Chor. Gleicht in der höchsten Not nicht übrigens das Denken dem Beten? Es ist Aufschrei, ähnelt zwar noch einer Frage, jedoch gestellt von einem, der kein Recht mehr auf Antwort hat.

Die fürchterlichen Wirkungen eines großen Gedankens sind größer als er selbst. Ein nichts als fürchterlicher Gedanke ist einfach nur lächerlich.

Man liebt seine Gedanken erst dann richtig, wenn man nicht allzu viele davon hat.

»Nichts ist demütigender, als die Dummköpfe erfolgreich zu sehen bei Unternehmungen, bei denen man selbst gescheitert ist.« *(Éducation sentimentale)* Welcher Philosoph von Geblüt oder Gewerbe müsste hier nicht zustimmen? Und welcher Philosoph müsste nicht beschämt sein über eine Demütigung, aus der sich kein Gedanke ziehen lässt?

Gleichheit der Gedanken: Bedingung für die Freiheit des Denkens.

Das Gewundene der Argumentation kündet vom Schlängellauf um die Gemeinplätze.

Am häufigsten missverstanden fühlt sich, wer meint, sich selbst am besten zu verstehen.

Leute, die unsere Gedanken zu kennen glauben, sind lästiger als Leute, die sich in unseren Meinungen auskennen.

Wehe dem Philosophen, der *nicht* seine zwei, drei Gedanken hat, die er ›Ideen‹ nennen und vor einem entwickeln kann! So ein Arbeiter am Gedanken wird eine ganze *Sprache* lernen müssen, eine ganze Wissenschaft, um mit ihr alle seine Gedanken zu entwickeln – zu deren Entzücken gewiss und zum Entsetzen seiner Zuhörer …

Die Idee

Mancher Philosoph kann seine Ideen verkaufen und könnte sie doch nicht verschenken.

Die Ideen, die sich nicht in der Wirklichkeit blamieren, blamiert das Wörterbuch, das sie nicht aufnimmt.

Merkwürdig, dass sich jene den Ideen am nächsten glauben, die ihr Leben damit verbringen, sie weiterzureichen.

Die Mission des Idealisten ist schnell vollbracht: nachdem er seine jeweilige Idee entdeckt hat, muss er nur noch deren Dasein beweisen.

Der Machtgläubige nennt jeden Andersgläubigen einen Ideologen.

Der Philosoph: ein Mensch, dem die Gedanken ausgingen und der sie durch Ideen ersetzt hat.

Gewisse Praktiken wirken unbegreiflich, sobald man sie zu Theorien erhoben hat.

Nur wirkungslose Ideen sind auf Anhieb verständlich.

Am Anfang: das Wort, nicht die Idee. Und am Ende? Das Ende der Ideologien jedenfalls ist nicht das Ende der Phraseologien.

Gerührt beklagt der Dummkopf des Tages die Opfer der Dummheit des Jahrhunderts.

Der Philosoph klammert sich an seine Idee wie der Schriftsteller an einen Einfall. Denker und Dichter lassen die Ideen kommen und gehen.

Noch mehr Gedränge als in der Welt herrscht unter den Vorstellungen von ihr.

Ideen kann jeder haben. Philosophen beschließen darum, nur noch eine zu haben.

An manchen Ideen verstört einzig der Ernst, mit dem man sie vorträgt.

Wenn alle Ideen sich bloßgestellt haben, bleibt allein ›die Zukunft‹ übrig.

Sprechen, Schreiben, Schweigen

Die drei Feinde einer philosophischen Karriere sind die Erfahrung, das Denken und das Schweigen.

Bei metaphysischen Themen kann jeder mitreden. Die Philosophen haben die Schamlosigkeit besessen, es zu tun.

Eine Ethik schreiben? Warum nicht. Warum nicht auch einmal seine *gute* Laune zu einer Theorie herabwürdigen …

Das glaubwürdige Buch muss fast unnötig gewesen sein – für seinen Verfasser.

Ist man über das Alter der metaphysischen Erregung erst einmal hinaus, wird Schweigen – mehr noch als zur Sache der Rücksichtnahme – zur Sache eines heimlichen Vergnügens. Hier droht Unmäßigkeit, wie bei heimlichen Vergnügen überhaupt.

Großes Glück wäre: nur durch Mündliches zu verkehren, fast gleich großes: nur durch Schriftliches. Das größte Unglück wird sein, Schriftliches vortragen zu dürfen, so wie das zweitgrößte Unglück war, Gehörtes festhalten zu müssen.

Wenn uns Philosophen-Gesagtes unbegreiflich erscheint, dann sollten wir annehmen, dass es für andere gesagt ist, beispielsweise für uns.

Wie gern hätte der Bedeutende etwas zu sagen, auf dass er bedeutsam darüber schweigen könnte!

An Philosophen fesselt, was sie zu sagen haben, nicht, was sie sagen wollen; es fesselt die unfreiwillige Komik, nicht ihre Scherze.

Worüber man sprechen kann, das zählt nicht mehr: Jeder Abtritt eines Despoten lehrt dies.

Die Vielzahl deiner Worte vereinsamt dich, nicht die Unteilbarkeit deiner Sache.

Immer wieder: die rüden Manieren der Philosophen – nicht aus der Rücksichtslosigkeit des Denkens, sondern des Sprechens.

*

Am ergreifendsten schreibt, wer ernstzunehmende Feinde in sich hat und diese gegeneinander kämpfen lässt. Wem das nicht vergönnt ist, der mag wenigstens eine übermächtige Umwelt, ein Zeitalter usw. gegen sich haben und kann, so lächerlich und respektabel, wie vergeblicher Widerstand ist, daran einen Stil entfalten.

Kaum ein Sekundärschaffender, der nicht Aufrichtigkeit mit Ausführlichkeit verwechselte!

In der Deutlichkeit liegt oft nicht weniger Rohheit gegen den Leser als in der Dunkelheit.

Der Geist, dem erst irgendeine Befreiung zur Stimme verhalf, beginnt zu näseln oder zu keifen.

Während der Denker schweigt, denkt der Philosoph, während der Philosoph denkt, spricht der Professor, während der Professor spricht, schreibt der Student.

Sagen, was man weiß … Man muss unterm didaktischen Stern geboren sein, um dabei nicht langer Weile zu sterben.

Der Scharfsinnige verausgabt sich immer, der Tiefsinnige behält das Beste für sich.

Verstanden fühlen darf sich, wen man zuletzt mit den Wörtern beschreibt, die er für andere erfand.

Schon wieder ein Buch dieses Philosophen, dessen Ruf besser sein soll als sein Stil ...

Schweigen will gelernt sein. Man braucht dafür Zuhörer.

Der originelle Geist fühlt sich verachtet, wo man ihn versteht.

Zuhörendürfen ist ehrenvoller als Sprechenmüssen.

Formel der Würdelosigkeit: ungefragt reden, angefragt denken.

Man schreibt, um nicht sprechen zu müssen, man spricht, um wieder schreiben zu dürfen.

In manchen Zeitaltern bildet der Gedanke an den Leser die einzige Schreibhemmung.

Was dem Eitlen den literarischen Erfolg versagt, ist zumeist, dass er ein mehr oder weniger gelungenes Leben führt, kurz: dass er nicht *reine* Eitelkeit ist.

Auf menschliches Maß zurückgeführt fühlt sich ein Autor oft erst dann, wenn ihm sein Affe ein Buch zusendet.

Trocken nennt man den Geist, der sich Anmerkungen versagt in seinen Büchern; für solche Anbiederungen bei Menschen und Dingen fehlt ihm das nötige Tröpfchen Schleim.

Um die Verlage und die Menschheit vor den Ergüssen seiner einsamen Stunden zu bewahren, muss man dem Vielschreiber alle nur erdenklichen Kongresse und Podien reservieren.

Wo uns ein Geistesleben angekündigt ist und wir nur untotes Gezappel finden, da werden wir es, höflicherweise, *lebhaft* nennen.

Der stille Monologist will nicht wahrhaben, dass der Lärm des Zeitalters aus Selbstgesprächen stammt.

Kontemplation ist weder Grübelei noch Selbstgespräch, sondern Hören auf eine Idee, der man eine Stimme gab.

Der professionelle Humorist ist einer, der seinen Ernst *woanders* hat, der populär schreibende Professor ist der Philosoph, der seine Seriosität *hinterlegt weiß* ... daher das Misstrauen, das dergleichen beglaubigte Leute erregen.

Der Publizist schleicht schweigend und vermummt über den Markt, sammelt dessen Weisheiten ein und verkündet sie anderntags dort mit Gebrüll.

Der Parvenü des Geistes trägt es nicht, mit seinem Wissen auch nur einen Moment allein zu sein, er muss es sogleich abwerfen und zur Lehre erheben.

Der Hohlkopf bringt es niemals fertig, verzweifelt zu sein. Verzweiflung ist ja etwas, das den Menschen *erfüllt*.

Der Feierabenddenker: Er schreibt, wenn es dunkel wird, und veröffentlicht, wenn er die anderen schlafend glaubt.

Je weniger in einem Kopf, desto stärker die Versuchung für ihn, alles mit einem Mal von sich zu geben. Es ist, als ob in der Dürftigkeit sich jede Idee an eine andere klammern würde und sie, wenn ins Wort ausgestoßen, mitreißen müsste. Daher vielleicht auch die Kohärenz unter den Ideen der meisten Hohlköpfe.

Der Ehrgeiz, die Wahrheit zu sagen, führt zur Lüge, das Bedürfnis, sich direkt auszudrücken, führt zur Komödie.

Wiederholung und Abschweifung sind die Alternativen des gebildeten Gesprächs.

Seit er einmal verständlich gesprochen hatte, war es um seinen Ruf geschehen.

Wörter

Philosoph darf jeder heißen, der von einer *Erkenntnis* jenseits der Enttäuschung träumt.

Der *Begriff* – eine Aggression im Dienste des Behagens.

Sinn ist, was Bedeutung aus sich entlässt, Unsinn demnach, was sie für sich behält.

Was haben die Philosophen nicht alles erniedrigt in ihrem Hochmut – das *Leben* zur Pflicht, den Tod zum *Recht*.

Wer *vom Menschen* spricht, wird sich entweder auf Zehenspitzen oder auf allen vieren bewegen, dies die Gangarten ja auch, um beim Zweibeiner eine Stellung zu gewinnen.

Tiefes Misstrauen muss erwecken, wer nach dem *Ich* forscht und nicht sein Unglück findet.

Der Taktvolle gebraucht ein Wort wie *Wert* nur, um dessen Fehlen festzustellen.

Wer *Ich* sagt, hat etwas zu verbergen.

Wenn man die ganze Armseligkeit einer *entwickelten Persönlichkeit* erlebt hat, wird man den rechten Geschmack an der Vorsokratik finden.

Ab einem gewissen Alter ist es lächerlich, sich für ein *Subjekt* zu halten.

Wenn die *Vernunft* von Vernunft redet, hat sie Schaum vorm Maul.

Die *Seele* ist die Wunde, die sich selbst das Bluten beibringt.

Der *Mensch*: das Tier, an dem noch nicht alle Versuche durchgeführt wurden.

Das *Leben*, dieses Nebenprodukt der Liebe.

Gewiss ist der Mensch *unerschöpflich*. Aber man höre erst ein Tier zu diesem Thema …

Mehr als der Philosoph, der weiß, was *in Wahrheit* ist, verstört der Philosoph, der weiß, was die Wahrheit ist.

Das Leben umfasst *alles* – so ist es vielleicht das einzige, was man nicht *ganz* lieben kann.

Allein mit der *Wahrheit* – Alptraum aller Universalisten.

Über *Theorien* kann man nur Theorien haben.

Leben: leibhaftige Trauer, zu *sein*.

Es gibt Momente, da fühlen wir uns vom *Dasein* so sehr beleidigt, dass uns nicht einmal eine Professur besänftigen könnte.

Mit der Frage nach ihren Vorfahren brächte man *die Menschheit* mehr in Verlegenheit als die Menschen.

Mit dem Wort *Existenz* beschönigen all jene ihr *Dasein*, die das Interesse am *Leben* verloren haben.

Irgendwann ist *das Leben* so weit heruntergekommen, dass man es uneingeschränkt bejahen muss.

Humanität herrscht, wo nur noch *im Namen des Lebens* getötet wird.

Das Leben ist die Todeszelle des *Seins*.

Einsamer als in einem *Glauben* oder in einer *Wahrheit* ist man mit seinem *Geschmack*.

Die *Existenz* ist das alltägliche Wunder, von dem man sich jede Nacht erholen muss.

Welt – dumpfester oder stechendster unserer Schmerzen.

Wer vom *Leben* sprechen will, muss es mit Unschuld oder mit Überheblichkeit tun.

Das *Leben* verödet das *Denken* jener, die an es *glauben*.

Vom Standpunkt des *Bewusstseins* ist das Sein eine Entzugserscheinung.

Durch die Frage nach dem *Sinn* scheint die Fraglosigkeit des Seins.

Frage an den Ontogenetiker: Wann begann das *Sein* nach dem *Menschen* zu riechen?

An den *Menschen* beginnt man zu glauben, wenn von Gott und Welt nichts mehr zu hoffen ist.

Die *Seele* ist eine Sache, von der man nur lispeln oder schwadronieren darf.

Die *Zeit* bringt die Wahrheit an den Tag, doch die meisten Lügen sterben unentdeckt.

Ein *System* dürfte nur der Philosoph kritisieren, den eines unterhält.

Individualismus: Religion jener Masse, die den Einzelnen ans Kreuz schlägt.

Kompetent von der *Freiheit* spricht allein der Philosoph, der ihre Schwestern ermorden half.

Individualismus – die Verkrampfung der Ewiggleichen.

Freiheit gehört ganz oben auf den Wunschzettel von Gehaltsempfängern.

Ein *Engagement* obliegt jenen Militärs, die *sich einbringen* wollen.

Der *gute Wille* ist die Entschlossenheit der Ahnungslosen.

Es genügt, dass uns jemand von seinen *Projekten* spricht, damit wir ihm keine Zukunft geben.

Selbsterkenntnis, Selbstbestimmung, Selbstverwirklichung – Beschäftigungen für all jene, die noch nicht genug von sich haben.

Das *Wesen der Kommunikation* begreift am gründlichsten der, mit dem man nur aus Mitleid kommuniziert.

Wer den Menschen durch die *Natur* heilen will, müsste garantieren können, dass in ihr kein Mensch vorkommt.

Der Mut der Vernunft besteht darin, einem *Problem* ins Gesicht zu sagen, dass es mit Geld zu lösen ist.

Das *Authentische*, dem manche Philosophen nachstellen, ist in der Sorge des Beamten, der um seine Pension zittert.

Seine Vulgarität beweist jeder, der nur im *Plural* denken kann: ›die Deutschen‹, ›die Frauen‹, ›die Menschen‹.

Man könnte die Lust an der *Selbstachtung* verlieren, wenn man sieht, wer sie einem aufzuschwatzen sucht.

Es heißt, die Lüge gehe in Kostümen umher, *die Wahrheit* nackt. Hat die Wahrheit wirklich kein Kostüm? Bloße Lügen könnten sie kleiden.

Überzeugungen erträgt man am ehesten von einem, der sich freiwillig damit beauftragen ließ.

Man würde gewisse Hohlformeln nicht ernst nehmen, wenn man sie nicht immerfort mit Blut gefüllt und Schmutz beworfen sähe. Wer würde noch auf *Vernunft, Freiheit, Demokratie* hören, wenn sie nicht in Geschrei und Gestöhn vernehmbar wären?

Vernunft ist das Natürliche, Dummheit das *Selbstverständliche*.

Es liegt nahe, vom *Mysterium des Menschlichen* zu faseln, wenn einem genug geheimnislose Menschenart begegnet ist.

Solange der Mensch die Tiere nicht zu *den Sterblichen* zählt, haben sie von ihm nichts zu hoffen und alles zu fürchten.

Einem Tier, das der Vulgarität fähig wäre, müsste man *Menschlichkeit* zusprechen.

Warum das *Ich* oder ein anderes Wort mit großem Anfangsbuchstaben? Damit *man* etwas habe, worüber sich reden lässt!

Das *Unendliche* ist bei den Metaphysikern aus der Mode gekommen, seit die Physiker und andere Unentwegte daran laborieren.

Das Ich erwähnt man am besten dann, wenn man nicht über sich nachdenken will.

Jeder Versuch, *Freiheit* zu definieren, endet in Paradoxien oder Negationen. Man muss *fühlen*, was Freiheit sei, und die einschlägig feierliche Grimasse dazu schneiden!

Der Mensch, der seine *wahren Bedürfnisse* kennenlernen durfte, hört auf zu seufzen und beginnt zu röcheln.

Der *Verstand* ist die vom Glauben gereinigte *Vernunft*.

Der *Glaube* versetzt Berge, das *Wissen* besteigt sie.

Ums *liebe Ich* wäre es gar zu schlecht bestellt, hätten es nicht wackere Philosophen zur Selbstliebe ermutigt.

Die Lüge ist die kürzeste Verbindung zwischen zwei *Wahrheiten*.

Man müsste die *Existenz* gewisser *Wesenheiten* kaum beweisen, wenn ihre *Evidenz* nicht so sehr bedrängte.

Vernunftwesen: ein Begriff, der den Kantianern aller Sonnensysteme imponieren dürfte …

Als irgendein Gott dem Tier *Persönlichkeit* schenkte, konnte er wohl nicht ahnen, dass ein gewisses Wesen es nur noch in Rudeln von *Persönlichkeiten* aushalten würde.

Theologisch inwendiges Gebrabbel: In den Philosophen spuken die Worte, die Gott verlor, ehe er das eine fand zur Erschaffung der *Welt*.

Vom Tier zum Menschen, vom Menschen zum Philosophen, vom Philosophen zum Anthropologen: In der Anthropologie ist *der Mensch* endlich der einzige, der mitreden kann.

Der Mensch würde zweifellos mehr Anteilnahme erwecken, wenn man wüsste, welche Affenherde ihn einst verstoßen hat.

Der Mensch als das Tier, das sich einen Namen machen will ... Sein Ehrgeiz, die anderen Tiere zu überbieten, führt direkt in die Anthropologie. In ihr schmeichelt es sich seiner Unbenennbarkeit.

Wille, Bewusstsein, Freiheit: die Arroganz der Anthropologie hat die Richtung gewechselt; sie schaut nicht länger weg von den Tieren, sondern hin zu ihnen: »Was die alles können!«

Als *Zweck* taugt kein *Mensch* – er hätte einen anderen als *Mittel* nötig.

Fürchterliche Bescheidenheit der Philosophen, nicht mehr das Wesen Gottes zu bestimmen, sondern des Menschen, nicht mehr dem *Sein* aufzurücken, sondern dem *Leben*.

Der Weg in die Zukunft – er führt, soviel ist anzunehmen, durch einen engen Schlauch in eine Höhle, die Platz genug hat für all die tristen Träumereien der Philosophen.

Wenn am Menschen nurmehr *das Leben* brauchbar ist und von der Geschichte nur noch *die Zukunft*, dann ist die vertrocknete Seele reif für den Zuspruch eines Philosophen, auf dass er sie öle mit dem Balsam der Trostlosigkeit.

Die Metaphysiker des *Lebens* und seiner *Stufen* und *Rechte* ... Man fühlt sich bei ihnen wie bei gewissen Theologen, denen man die Verderbtheit intellektueller Subtilitäten verzeihen könnte, wo sie sich als Ergebnis gläubiger Einfalt erwiesen.

Die Anrufung der *individuellen*, das heißt der abstrakten *Moral* – gemäß den Freveln, die man vorhat und die durch kollektive Gebräuche nicht mehr gedeckt sind ...

Alle Tyrannei, alle Perversion aus dem Begriff folgt dem gleichen Schema: etwas Selbstverständliches soll sein *Recht* erhalten.

Wer hielte das Leben aus mit *angeborenen Rechten*, wer das Denken mit *angeborenen Einfällen*?

Man erniedrigt, was man zu einem *Recht* erklärt.

»Ich habe keine Rechte.« Wer könnte so sprechen? Der Ohnmächtige und der Allmächtige, der Mensch und der Gott.

Weisheit

Die Liebe zur Weisheit schmeckt nach Blut, die Weisheit von der Liebe schmeckt nach Wasser, Blut und Wasser schmecken nach nichts.

Kann man Blumen essen? Man soll es, wenn man nichts Schönes in sich fühlt.

In der Jugend ein Wahrheitsfanatiker, im Alter ein Weisheitsfreund.

Was allen Irrtümern gemeinsam ist, kann kein Irrtum sein.

Selbsterkenntnis müsste Liebe wie Selbstliebe verhindern.

In allem einen Sinn zu sehen ist die Stärke der Dummheit, überall nur Unsinn zu finden eine Schwäche der Intelligenz.

Nur Halbwissen kann vollständig sein.

Weise sein heißt, den Sieg nur dann davontragen zu wollen, wenn man sich dafür nicht ins Getümmel mischen muss.

Unmöglich, sich die Weisheit als einen Gewinn vorzustellen. Sie erinnert eher an den Zustand nach einer Amputation – der Dummheit, der Hoffnung, des Hochmuts, wovon auch immer.

Wo man widersprechen kann, ist nicht alles Dummheit, aber wo die Weisheit alles zu beherrschen verspricht, da könnte ebenso gut die Dummheit herrschen.

Menschenkenntnis ist eine Selbsterkenntnis, bei der man selbst unversehrt blieb.

Ein Weiser wäre ein Professor, der so leben würde, dass er niemals Urlaub nehmen müsste.

Jedes Schimpfen auf ein höchstes Wesen, das nicht mit dessen Dasein rechnet, ist von gotteserbärmlicher Schlauheit.

Je größer die Weisheit, desto stärker die Beschränktheit – die Beschränktheit auf die Weisheit.

Wem weder die Liebe noch die Weisheit vergönnt ist, dem wird Trost an der Philosophie.

Würde

Der Philosoph in den industriellen Gesellschaften, dem der Müßiggang verwehrt ist und dem die Arbeit der Menschen, die ihn am Leben hält, vor die Augen rückt, bildet eine einzige Tugend aus: die Toleranz gegenüber seinen Ernährern.

Nicht Unfähigkeit, sondern Unwilligkeit zu anderen Tätigkeiten, ja zum Arbeiten überhaupt ist das einzige Motiv des Philosophierens, das lauter genannt werden darf; eine Lauterkeit, die zuweilen bis in ›die Arbeit‹ hineinreicht.

Schon aus Aufgeklärtheit würde eine freie Gesellschaft das freie Leben fürchten – aus Selbsterhaltungswillen des aufgeklärten Lebens: Wo das Leben frei ist, kann es das Denken nicht sein.

*

Das Denken in (wovon auch immer) freien Gesellschaften kommt niemals ganz frei, weil sich die Person hier *ganz* besitzen soll und also auch *selbst* demütigen kann in diesem Besitz. So entgehen ihr die große Chance und die mächtige Inspiration, die dem Denken in den Reichen der Zwänge und Nöte gewährt ist: *Antwort* auf eine Demütigung zu sein, die von der Unvermeidlichkeit und Erhabenheit eines Naturvorfalls ist, reagieren zu *müssen*, Geist *nötig* zu haben. Ohne solche Nötigung keine Würde – der würdelose Geist ist einer, der sich selbst nötigt, der aus eigener Kraft denken will, der dadurch aber auch sein Denken und sein Leben ganz auf das verpflichtet, was in seinen Kräften steht. Ein reduziertes Wesen, das sich verausgabt – das wirkt würdelos. Würde in Sachen des Denkens liegt offenkundig darin, nur auf Befehl oder Anfrage zu sprechen, als Diener oder Orakel, nicht als Repräsentant seiner selbst. Würde kann nur haben, was sich nicht ganz selbst gehört. Wo die eigene Person im Besitz einer fremden Macht und die Demütigung deren Service ist, beispielsweise durch Beleidigung oder Benennung oder Bezifferung von etwas *an* der Person, da kann dieser unerwünschte Dienst nie die *ganze* Person treffen; was noch unverwundet strampelt, *kann* Geist werden und zum Denken finden, indem es sich der Klemme zuwendet, worin es streckt. Ganz frei, ganz selbstbestimmt-selbstverstrickt-selbstzerstört hüpft nur der Philosoph einer unnötigen Welt.

*

Versager der edelsten Sorte: In Despotien trifft man auf Philosophen, die zu *allem* anderen unfähig sind, zu einem bürgerlichen Beruf *und* zum Amt des Ideologen. In Demokratien ist die Unfähigkeit zum Amtieren selbst Beruf und Ideologie.

Der einzig anständige philosophische Lebenslauf wäre lebenslängliches Hadern mit der Erkenntnis, dass man ein Philosoph sei.

Ein wenig Geldsorgen, ein wenig Liebeskummer – und wir müssen uns nicht länger fragen, ob wir eine authentische Existenz im Geiste führen.

Rätselhaft, wie mancher, um sich ein wenig Abgrund zuzulegen, durch die Gesamtausgaben watet, anstatt sich in seine tägliche Erniedrigung zu vertiefen …

Eine feste Anstellung – ein Amt, eine Pflicht, eine Professur – verdirbt keineswegs den Charakter, sondern stützt ihn … ihn, den schwachen Charakter, der sich sonst allzu willenlos seinen geistigen Interessen überließe.

Menschenwürde ist, nach einer berühmten staatsministerlichen Definition, die Fähigkeit zur Selbstachtung, also auch zur Selbsterniedrigung; die Abwesenheit von Menschenwürde demzufolge Unfähigkeit zur Selbsterniedrigung oder die Erniedrigung selbst.

Ohnmacht

Die Suche nach einem lebenslänglichen Gönner ist der einzig ehrenwerte Ausdruck unserer Abhängigkeiten.

Ein stilles, würdiges Leben führen, mit wechselnden Traurigkeiten, festem Gehalt und Muße zum Erinnern …

Der Bestialisierung durch die vita activa entgehen, ohne von Bestien zerrissen zu werden …

In seiner Ohnmacht ist der Geist nicht zu verraten, außer wenn er Selbstbewusstsein wird und den Ermächtiger geben will.

Zum universellen Zweifel bringt es allein der Opportunist, der bereit wäre, sich allem zu unterwerfen und der nichts allmächtig findet.

Die Macht kann nur den Ohnmächtigen versuchen: ihr machtvoll zu widerstehen.

Der Possenreißer an Fürstenhöfen, der von Fall zu Fall eine Vorstellung gab, hatte zweifellos mehr Würde als der Philosophieprofessionelle, der Tag und Nacht geschäftig ist.

Das befreite Sprechen zeugt Befreiungen nur des Sprechens.

Eine Intelligenz, die sich noch nicht vor der Positivität der Macht bzw. einer Dummheit erniedrigen musste, ist von vorläufiger oder endgültiger Unschuld, je nachdem, wieviel Intelligenz die Macht der Dummheit bereits bedarf.

Im Reich des Geistes und der Geister: Der Herrscher bemüht sich hier, intelligent zu sein, der Untergebene fürchtet sich, intelligent zu scheinen.

Unter der Macht der Dummköpfe leidet man nicht nur. Man beneidet die Dummköpfe auch, um das Talent, sich in der Macht nicht zu langweilen.

Angesichts des Übermächtigen zwei Haltungen: Lächerlichkeit oder Erbärmlichkeit, vergeblicher Widerstand oder entbehrliche Verklärung.

Was an der reinen Macht jeden Freund von Sachlichkeit langweilen muss: dass er es in ihr nur noch mit Menschen zu tun habe.

Der Intellektuelle, den die Macht duldet, kann nicht anders: er muss alle Machtlosen Intellektuelle nennen.

Der Grundherr zählt die toten Seelen, ein Geistesfürst die leeren Köpfe ringsum.

Was nicht aus der Ohnmacht kommt, worauf nicht Übermacht lastet, das kann eigentlich nicht Denken sein und wird meistens Philosophieren genannt.

Im tiefsten Elend findet der Intellektuelle seine Würde wieder durch die Erkenntnis, erniedrigtes Fleisch zu sein.

Es stimmt nicht ganz, dass der große Geist die kleineren, schwächeren Geister *anzieht* – vielmehr zieht es *ihn* in ihre Nähe, aus einer Jovialität, die auch den Kleinen ein Leben im Geiste ermöglichen will. Diese Großmut großer Geister, sich von den kleinen unterhalten zu lassen ...!

Der kritische Intellektuelle hat nur Meinungen, die den Meinungen der Mehrheit widersprechen und also tauglich sind, Meinungen der Allgemeinheit zu werden.

Das heroische Zeitalter der Vernunft war jenes, als man sie nicht öffentlich zu zeigen wagte.

Die Gefährlichkeit gewisser westlicher Verhältnisse für den Geist ist, dass dort, durch den frühen Zwang zur autonomen Erniedrigung, zur Selbst-Erniedrigung im Selbstbewusstsein, ein Geschmack der eigenen Nichtswürdigkeit alles andere übertäube und damit um jene Genüsse des Orients betrüge, die eine Beköstigung durch ein konkretes Nichts, eine Blamage weltlicher Mächte verheißt.

Freiheit wird fühlbar beim Wechsel der Notwendigkeiten.

Das Kunststück der politischen Philosophie ist es nicht, *die Macht zu denken*, sondern zu denken, dass der Macht eine politische Philosophie etwas bedeuten könne.

Immer auf der Suche nach etwas, das zu rechtfertigen ist, heimgesucht von etwas, das sich nicht rechtfertigen lässt …

Nur wer bereit ist, sich *jeder* Macht zu unterwerfen, hat Aussicht auf den Ruf eines wählerischen Geschmacks.

Die Frömmigkeit der Intelligenz besteht darin, auf ein Aussterben der Dummköpfe zu hoffen.

Einzig die siegreiche Dummheit erlaubt sich Nuancen.

Ironie ist fehl am Platze zwischen Alten und Jungen, Männern und Frauen, Gesunden und Kranken. Am erträglichsten wäre Ironie, wenn gesunde alte Männer sie auf sich selbst anwendeten.

Er kritzelte Vernichtungsbefehle gegen jedermann und sandte sie in alle Welt, war aber bis zuletzt um seinen guten Ruf besorgt.

Der Ohnmächtige verfällt leicht dem Glauben, seine Ohnmacht sei Ergebnis einer vorgängigen Ermächtigung, einer Machtabgabe. Der Ohnmächtige des Geistes am Stiefel des Mächtigen, bei der Speichelprobe …

Er hat nichts zu sagen. Genau das ist es, was die Macht hören will, die noch immer zu schamhaft war, um sich selbst zu bejubeln.

Überzeugung

Jeder, der ohne Idee, Dogma, Weltanschauung ist, der also *etwas zu sagen hat*, wird irgendwann die Frage hören: *was er damit sagen wolle*?

Manche Menschen sind vom Rechthaben so verkrampft, dass sie den Schreibstift gar nicht mehr aus der Hand bekommen.

Dauernde Meinungsäußerung verleiht eine solche Charakterfestigkeit, dass der Charakterfeste sich ohne weiteres eine zweite Meinung zulegen kann.

Wer überzeugen will, hat selten gute Manieren, wer sich überzeugt zeigt, hat sie nie.

Wie weit auch das Herz eines Philosophen sei – die darin gezüchteten Doktrinen müssen zuletzt doch durch die Enge eines Kopfes hinaus.

Charakterfest, überzeugungsfrei.

Das erste Opfer, das die intellektuelle Toleranz verlangt, ist die Ungezwungenheit unseres intellektuellen Charakters.

Um sich von Vorurteilen frei fühlen zu können, muss man welche gehabt haben.

Ein Geist begründet seine Macht durch brutale Verallgemeinerung und legitimiert sie durch hinterhältige Differenzierung.

Zwei Wissende bekommen eher miteinander Streit als ein Wissender und ein Glaubender.

Leute, die unsere Gedanken zu kennen meinen, sind oft lästiger als Leute, die uns mit ihren Gedanken bekanntmachen wollen.

Der wovon auch immer Überzeugte hat mehr Blut an den Händen als in den Adern.

Wo Einfältige aneinander geraten, entstehen Komplikationen.

Zweierlei Schriftsteller: die einen überzeugen sofort und stoßen einen bei der zweiten Lektüre ab. Die anderen –

Tonfälle

Die schlichten Gemüter lesen einen Denker, um sich mit ihm zu ›identifizieren‹, sie lesen alles von ihm und über ihn, selbst noch seine Einkaufsnotizen, seine Bewerbungsschreiben, seine Polizeiakten – all die Zeugnisse dessen, womit man sich am wenigsten ›identifizieren‹ kann. Daher der verständnisvolle Ton, womit sie seine Abweichung von ihrer eigenen Schlichtheit gelten lassen … nichts schreibt der Gemütsschlichte so gern wie Geistesbiographien.

Der Tonfall der Entschiedenheit muss immer beunruhigen; man kann hier gewiss sein, dass die Sache selbst keinen Entscheid fordert.

Kein Gefühl ist so erhaben, als dass gleichgültig sein dürfte, wie es sich ausdrückt.

Wer sich selbst Ironie zubilligt, ist über jeden Verdacht der Selbstironie erhaben.

Die Dummheit spricht mit kräftiger, sonorer Stimme.

Mit einer neuen Gewissheit benimmt man sich meistens obszön. Dagegen wirkt niemand unanständig, der in seinen alten Zweifeln verharrt.

Der Stil der Macht ist die Banalität. Man kann und man muss ihr nicht widersprechen. Sie sagt immer nur, was ist: dass sie ist.

Am heftigsten vertritt man Meinungen, die man irgendwo aufgelesen hat – man muss sich seines Fundes würdig erweisen.

Die Amusikalität eines Intellekts ermisst man an der Häufigkeit, womit er einen Gedanken meint ›betonen‹ zu müssen.

Angst vor der Banalität und der dann einspringende Reichtum des Adjektivs sind jene Insignien des Mittelmaßes, aus denen Ewigkeit leuchtet.

Philosophisch darf jede Diskussion heißen, die den Satz ›Ich habe mich geirrt‹ a priori ausschließt.

Die meisten Philosophen glauben, nicht nach der Mode zu sprechen, wenn sie die Sprache einer vergangenen benutzen.

Der ›literarisch‹ schreibende Philosoph macht den Romanleser nicht weniger ungeduldig als den Fachkollegen.

Der Tonfall der Überzeugtheit verrät den geborenen oder wenigstens den gebildeten Flegel.

Irgendetwas Trübes lässt uns um die Zustimmung der Gleichgültigen kämpfen.

Alles Argumentieren, das nicht aus unverhüllter Schwäche kommt, befremdet und verärgert.

Der diskursive Typ des Geistes neigt zur Heuchelei, der expressive zum Zynismus.

Guter Geschmack ist zur Einförmigkeit verurteilt.

Manche Wahrheiten kann man guten Gewissens nur dann lehren, wenn man glaubt, man hätte sie entdeckt.

Der Stil erbarmungsloser Präzision verrät höchste Unbefangenheit oder höchste Angst.

Einsicht ist das Stocken im Wortfluss des Wissens.

Eine leise Stimme überzeugt nur, wenn sie im Selbstgespräch ertönt.

Man würde sich einen gewissen hohen Ton gefallen lassen, wenn es nicht meist auch ein lauter Ton wäre.

Altern heißt Gewissheiten verlieren und Überzeugungen annehmen.

Denker und Philosophen

Ein Philosoph fühlt sich niemals einsam, weil er sich stets in einer Hierarchie sieht – von Bewusstseinsstufen, Graden der Reflexion, Problemgefühl. Er behält mit den anderen Fühlung, indem er seinen Abstand zu ihnen ermisst und begründet: Er steht ganz oben oder baut ganz unten, er deutet oder fundiert ein Großesganzes, alles weist auf ihn hin. Ein Denker ist in der Regel einsam, weil nichts auf ihn hin geordnet ist, er ist den Dingen und Menschen, unter denen er sich zufällig befindet, abstandslos nahe, aber nahe wäre er auch ganz anderen Dingen und Menschen – wenn sie ihm begegneten. Daher das ›einsam unter Menschen sein‹, von dem der Philosoph sich nicht träumen lässt. Der Denker ist einsam, weil er unter die Leute geraten ist, wie es dem Philosophen niemals zustoßen wird, der an seinen Auftritten und Aufsätzen stets abzählen kann, was ihn vom Denker trennt.

Die Philosophen haben mehr Wörter in die Welt gebracht, also mehr Angst.

Der Schmerz des Denkers führt zur Philosophie, das Denken des Philosophen führt zum Aufsatz.

Der Philosoph, der über sich selbst nachdenken würde, stieße nicht auf das Ich, sondern auf das Unglück.

Den meisten Philosophen ersetzt der Gedanke den Schmerz, so bewahrt der erste Gedanke vor den kommenden.

Es gibt eine Angst, die mehr zusammenfasst, als ein Philosoph verallgemeinern könnte.

Welch lähmende Vorstellung, ein Denker zu sein – ein Thema zu werden für einen Studenten der Philosophie oder gar für ihren Dozenten!

Wie die Eheleute verbindet auch die Philosophen eher, was sie in eine Richtung schauen lässt, als worin sich ihre Blicke begegnen: Man würde am Verstand eines Philosophen zweifeln, der das Buch eines Kollegen liest und keines darüber schreibt.

Den Philosophen, der sich nützlich machen will, erwartet die journalistische Laufbahn so sicher wie die Flüsse das Meer. Für die unbefangen nutzlosen, ›naiven‹ Denker hegt der journalistische Philosoph eine Art liebevoller Verachtung bzw. verächtlicher Liebe, nur seinesgleichen begegnet er mit aufrichtigem Hass.

Je klarer und schärfer, ja böser jemand im Denken ist, desto angenehmer sein Umgang; so einer ist vollauf beschäftigt, gegen sich selbst zu wüten. Dagegen ist der schwammig-milde Geist fast immer anmaßend, günstigstenfalls, ohne es zu wissen. Meist aber weiß er, was er an seiner Verschwommenheit hat. Harte Schale, weicher Kern!

Die ›Impulse‹ oder ›Inspirationen‹ eines Denkens – das sind seine Launen oder seine Kümmernisse; wer keine vorzuweisen hat und dennoch Philosoph sein will, der muss sich zum Leitartikel oder zum Fachaufsatz bequemen.

Man erfährt es nie genau: Leidet der Philosoph an seinen Gedanken, weil es so wenige sind? Begnügt er sich mit so wenigen Gedanken, weil er genug daran leidet?

Zum Denken genügt es oft schon, mehr als ein Gefühl in sich zu haben; was man Gedankengang nennt, ist ja oft nichts als ein Wechsel der Gefühle.

Der Anblick von Philosophen verstört fast immer: Wie kann man vom *Denken* so unzerstört sein?

Ein Denker ohne einen Schuss Brutalität in seiner Rede beunruhigt uns; es ist, als bereite er im Verborgenen etwas gegen uns vor.

Anlassloses Denken macht gemein an Geist und Seele. Auf ein Übel nicht antworten, sondern sich breitmachen in ihm, sich zerrütten lassen ohne Not – es ist die Selbstlosigkeit, die sich zu jedem Übel hergibt.

Der Denker spricht über das, was ihm begegnet, der Philosoph über das, was ihm unterkommt.

Ruhm ist kein Maßstab für das Denken. Dennoch darf auf Ruhm jeder Denker hoffen, der keinen Eingang in die Fachzeitschriften fand.

Die Parodisten eines Denkers charakterisiert der Glaube, dass Gedanken lehrbar seien.

Zwei Typen erfüllen uns mit metaphysischem Schauder: der Nichtschreiber und der Vielschreiber, der antike Weise und der moderne Professor.

Was ist von einem Geist zu erwarten, von dem es bereits Daguerrotypien gibt?

Einen Denker nennen die Gelehrten einen Philosophen, den sie trotz seiner Gedanken verehren.

Es gibt eine Ermattung der Daseinslust, wo selbst Denkverbote nicht mehr das Denken hervorkitzeln.

Um Aufmerksamkeit zu erwecken, braucht der Philosoph nur den Denker zu erwähnen, von dem er zurechtgewiesen wurde.

Älter werden heißt erleben, dass die Denker sich selbst widersprechen, alt sein heißt ertragen müssen, wie sie ihre Widersprüche heiligsprechen.

Die *Überzeugungen* eines Denkers werden am ehesten in seinem Räuspern und Fluchen zu finden sein.

Denken ist menschlich, Philosophieren professionell.

Einzig auf den Trampelpfaden des Geistes muss der Denker nicht befürchten, die zarten Blüten gelegentlicher Erfahrung zu zertreten.

Denker müssen immer wieder von vorn beginnen, nur Dummköpfe zeugen ohne Unterlass.

Die Philosophen bilden eine Mehrheit, die der Denker tolerieren muss.

Nur der zur Einsamkeit fähige Mensch denkt ›ambivalent‹.

Dem unverbildeten Kopf erscheint das Philosophieren aufgesetzt, das Denken beiläufig.

Der Philosophieprofessor, dieser Erbfeind des Wahnsinns und der Brauchbarkeit … dieser Platzhalter eines brauchbaren Wahnsinns.

Im Berufsgespräch versammelter Berufsphilosophen wirkt ein *Denker* mit seinem Zaudern, Stocken, Greifen an die Stirn und Blicken ins Leere unfehlbar affektiert. Und das Schlimmste: er ist es wirklich, denn es ist nicht normal, vor allen Leuten nachzudenken.

Ein *Denker* kann, durch sein Denken, Feuer fangen – er kann in einem Krater enden oder auf einem Scheiterhaufen. Der *Philosoph* stirbt, wenn alles gut ging, mitten im Denken, daheim auf dem Sofa. Gewiss gab es auch Philosophen, die man schmoren ließ – jedoch kaum wegen ihres Denkens. Meist waren es harmlose Professoren, die der gerade unterlegenen Konfession, der gerade machtlosen Partei anhingen …

Zur Diätetik des Denkers gehört es, sogleich den Gedanken zu wechseln, der ihn zu sehr ergreift – ohne darum doch das Thema zu wechseln. Nur wer bei der Sache bleibt, ohne sie ganz zu der seinen zu machen, vermeidet die Fehlgriffe aus Überarbeitung.

Von welchem Denker wagte man zu sagen, was von gewissen Philosophen gesagt wurde: dass es hier weder zum Künstler noch zum Gelehrten gereicht habe …?

Disziplinen

Der Schlichte, der kein Fettnäpfchen auslässt bei seinem Vormarsch, der aber auch nie zu tief tritt. Das sieht rührend und zugleich gekonnt aus, und man beginnt, ihn für einen Fachmann zu halten, der sich verirrt hat.

Der Philosoph ist ein Politiker, der probt, der für sich spricht; der zu sich spricht, um gehört zu werden; der auf sich einredet, um nicht Gehör erbitten zu müssen. An den meisten Politikern besticht nicht zufällig das Philosophische, ihre Überlegtheit, die Sorgfalt des Selbstgespräches. Intimität braucht Öffentlichkeit.

Unter Künstlern und Forschern ist der Philosoph Höhlenbewohner und Tierkönig zugleich. Wenn man sich einer dieser königlichen Höhlen nähert, die abgenagten Knochen und die hineinführenden Spuren sieht, dann begreift man, was königlich ist: die Welt der Geist-Fauna von der Höhle aus regieren, was immer lebt und nährt, sich zukommen lassen und das Treiben im Hellen ehren durch Seltenheit des Eingriffs, durch Verdauung im Dunkeln.

Eines der bösartigsten Arrangements im *Tonio Kröger* zeigt den Fachmann, der es auch für anderes sein will, den dichtenden Leutnant. Er darf, im Gedichtvortrag, sich zusehen bei seinem Sterben. Schönschreibende Gelehrte sind in dieser Lage; Figuren eigentlich aus dem 19. Jahrhundert. Poesie als Abluft aus Überarbeitung. Solche Professorenpoesie, Professorenaphoristik, Professorenessayistik ächzt unter mehrerlei: ihrem Mitteilungsdrang (Beflissenheit der Meinung), ihrer Aufrichtigkeit (Vorzüglichkeit der Gesinnung), vor allem aber der Arglosigkeit, mit der sie an ihre Malice glaubt.

*

Der Philosoph ein entlaufener Jurist, der Historiker ein verhinderter Politiker – oder umgekehrt? Jener hat aus dem Rechtbehalten, dieser aus der Machtlosigkeit einen Beruf gemacht. Jedoch liegt in Flucht und Verhinderung manchmal ein Charme, der noch auf die zweite Generation abstrahlt.

Die Fähigkeit, schlechte Gedichte zu machen und sie nach einigen Jahren zu verbrennen, also den Poeten wie den Historiker in sich zu verneinen, deutet auf eine Eignung zum Philosophen.

Da mittlerweile alle Philosophen ›historisch denken‹, sind die Systematiker schnell ausfindig gemacht: es sind die mit der schmalsten historischen Bildung, die Verfasser der Monographien.

›Fortschritt in der philosophischen Forschung‹? Ein Widerspruch in sich. Der Philosoph ist entweder ein rasender oder ein ruhender Forscher.

Die sprachlichen Missgriffe, die man dem Philosophen nachweist, bestärken ihn in der Überzeugung, neben seinem Tiefsinn auch noch über poetisches Talent zu verfügen.

Gegenüber dem *Denker*, diesem Seelensimpel, wirkt ein *Philosoph* intellektuell schlichter und psychologisch rätselhafter – in seinen vielfältigen Hoffnungen, Wünschen, Antrieben, der Unreinheit bzw. ›Komplexität‹ seiner Persönlichkeit. Am rätselhaftesten an einem Philosophen ist seine Befähigung, Professor zu werden, ein Wesen, das für andere denkt, schreibt, redet – für Wesen, die ihrerseits lernen wollen, wie man denkt, schreibt, redet – für andere.

Böse Absichten sind schwerer zu durchschauen als falsche Behauptungen, und die Arglosigkeit macht aus manchem Psychologen einen Philosophen.

Takt, Geschmack, Urteilsvermögen der klassischen Moralisten haben verhindert, dass die Moralistik eine Teildisziplin der Philosophie werden konnte. Niemals erwecken die Philosophen mehr Ungläubigkeit, als wo sie besagte Tugenden nachahmen.

Die völlige Unfähigkeit, sich selbst zu relativieren, unterscheidet Philosophen von den meisten Wissenschaftlern und selbst Ideologen. Die Philosophen bleiben sich selbst erhalten, indem sie von sich selbst absehen, in der Nacht der Idee verschwinden sie bis zum absoluten Morgengrauen.

Aus tüchtigen Physikern auf ihren Bomben werden ebenso tüchtige Ethiker auf Friedenskongressen, aus regierungsamtlichen Verdunklern werden öffentlichkeitsliebende Enthüller. Geborenen Philosophen sind solche Wandlungen fremd. Eher träumen sie von einer Zweitkarriere als Gott oder als Mensch.

Der Versuch der professionellen Philosophen, die Kulturführerschaft den Redakteuren wieder zu entreißen, kann in seinem Scheitern der Philosophie nicht mehr schaden, die Schutz in den Redaktionen fand.

Weder die Grundlagen der Physik noch die Fallstricke der Metaphorik kennen: der Redakteur als Erbe des Metaphysikers.

Es ist eine Kunst und ein Geschick, aus seinen Abhängigkeiten geistigen Nutzen zu ziehen. Den Philosophen gelingt das selten. Sie meiden die Nähe der verlässlichen Mediokrität, die doch einen Geist gerade da hochschleudert, wo er sich ihr anbequemen wollte. Die Philosophen suchen die Nähe der Macht oder des Ruhms, machen sich abhängig von Despoten oder von Denkern, werden zu Inquisitoren oder Imitatoren.

Philosophenstolz, Pfaffenwürde: allein das Vermeidbare absegnen.

Was ist das Elend eines Philosophen, der sich nützlich machen konnte, gegen das Elend eines Philosophen, der sich nützlich machen will?

Systematiker nennen sich jene Historiker, die nur die Sprache *einer* Quelle sprechen.

Die Herablassung, mit der er von ›den Intellektuellen‹ spricht, bezeichnet den Intellektuellen, den niemand dafür halten wird.

Den sozialen Konsens der Philosophen bildet die Wut auf die Antiphilosophen.

Politische Systeme verschieben, philosophische Systeme verleugnen die unlösbaren Probleme.

Die Stille ist das rote Tuch des philosophischen Publizisten.

Der Philosoph als Parvenü der Gelehrsamkeit, als Verwerter und Verächter der Wissenschaften. Doch bleibt er bescheiden: er erhebt sich über sie nur, um sich zu ihnen herablassen zu können.

Dem Schriftsteller erscheint der ›in Literatur‹ machende Philosoph als Konkurrent, der literarisch schreibende Wissenschaftler jedoch als Usurpator.

In irgendeinem Winkel seiner – nicht allzu geräumigen – Seele fürchtet sich der Philosoph, die Allzuständigkeit des Journalisten zu erreichen. Deshalb sucht er seinen Allgemeinheiten immer noch die persönliche Note zu geben.

Man denke nur an den Eifer des publizierenden Philosophen, seine Wut auf den philosophierenden Publizisten als Verachtung zu drapieren.

Journalist oder Philosoph wird, wer mehr als vom Fach sein will.

Schwindel ist oft Poesie, Täuschung manchmal Metaphysik.

Sehen heißt, niemals alles sehen zu wollen. Es gibt unvollständige Beweise, aber mehr noch unerträgliche Evidenzen.

Dichter, die sich als Denker ausgeben, sind in der Regel bloß lächerliche, Denker, die sich als Dichter ausgeben, dagegen meist lästige Geister.

Geistige Gaben lassen sich erben, geistige Taten lassen sich nachahmen. Der Student der Philosophie glaubt, es verhalte sich umgekehrt.

Die Rechtfertigung mancher Philosophien ist, dass sie eigentlich Wissenschaften sind, die Rechtfertigung mancher Wissenschaften, dass sie Techniken sind.

Ein Gelehrter kann noch so beschränkt sein: Sobald seine Ansprache von einer Simultan-Übersetzung begleitet wird, scheint er aus einer namenlosen Tiefe zu sprechen.

Ein Schriftstellertreffen ist weniger lächerlich als ein Philosophenkongress, denn bei ersterem geht es erklärtermaßen nicht um Literatur.

*

Was ist ein Moralist? Jemand, dessen Weisheiten von der Welt innerlich zusammenhängen, der also ein Weltweiser oder Philosoph oder sonsterlei Weltherrscher im Geiste ist? Jemand, der brauchbares Wissen produziert und konsumiert, um in der Welt eine Stellung zu erlangen? Nichts davon. Der Moralist hat dieses Wissen zwar, aber er hat es empfangen, durch Schläge, durch eine Lähmung seines Willens, und eben deshalb macht er auch keinen Gebrauch von diesem Wissen. Er bleibt, wo er ist; ein Opfer seiner Stellung zum Wissen und in der Welt. Er ist der Weise, von dem die Philosophen und die Wissenschaftler sich nicht träumen lassen.

Vorwürfe stumm ertragen, Beleidigungen nicht erwidern, die rechte Backe ungeschützt lassen – all das zieht kräftige Schläge an und kann *Innerlichkeit* entwickeln, ein Bestaunen der eigenen Wunde, kurz: die Vorstufe von *Geistigkeit* bilden. Darum akzeptiert ein jovialer Philosophiehistoriker die Religiosität als Vorstufe der Vernünftigkeit.

Wer einmal grob geworden ist, hat sich auf Ethik festgelegt.

Das eigene Untalent zur Poesie ist schwer einzusehen, wenn man ihretwegen eine Wissenschaft oder gar die Philosophie aufgegeben hat.

Zum Berufskritiker taugt nur, wer über Nuancen der Indifferenz verfügt.

Kein Kritiker würde neuen Dogmen seinen Beifall spenden, wenn es keine alten gäbe.

Philosoph ist jeder, der keinen Anlass zum Denken, Historiker ist jeder, der keinen zum Erinnern braucht.

Die Provinz eines Landes beliefert die Hauptstadt mit Propheten und Professoren – und behält die Denker ein.

Der Wahn des Aufklärers ist es, dass der Wahn ein Produkt sei und dass er, nach dessen Zerstörung, einen neuen, besseren Wahn produzieren könnte.

Man darf jedem Atheismus misstrauen, der sich offenbaren will.

Die Arglosigkeit, womit der Skeptiker an seine Skepsis glaubt, verschüchtert Gläubige und Gottlose gleichermaßen.

Den Tiefsinnigen unter den Sozialwissenschaftlern erkennt man daran, dass ihn eine Statistik zum Nachdenken inspiriert.

Der Eifer, womit der Philosoph fremdtut in der Welt, verrät eine Heimatschwere, von der man sich gern erdrücken ließe.

Anmutig und liebenswert ist das Feingefühl jener Logiker, die sich erst lange schämen, bevor sie den Philosophen ihre Gewaltakte nachrechnen.

Der Religiöse hat manchmal ein Gefühl dafür, was es heißt, sich vor der Gottheit lächerlich zu machen – etwa mit einem allzu anspruchsreichen Gebet. Der Philosoph kennt dieses Gefühl nicht, er glaubt an die Originalität seiner Gedanken.

Der Tugendhafte tut sein Mögliches, der Weise nichts Unnötiges, der Heilige kaum das Nötigste.

Der Metaphysiker ist ein Mensch, der seine Zeitgenossen nicht versteht, der das Sein als solches aufsucht und über das Rauschen des Meeres etwas Originelles zu sagen versucht.

Als einziger etwas schön zu finden, macht einsamer denn als einziger etwas gut oder richtig zu finden.

Als Knabe träumt der Ästhetiker davon, eine schöne Frau zu sein und jederzeit den eigenen Körper betrachten zu dürfen.

Vermessener als die Theologie war die Philosophie stets: jene hat versucht, dem Schrecken, diese, der Langeweile vorzubeugen.

Werke und Tage

Menschen, die sich über abstrakte Gegenstände ereifern, erwecken ein unbehagliches Gefühl; ein Unbehagen, das mit der Unpersönlichkeit der Themen wächst. In der Regel misstraut man einem Eifer jenseits der konkreten Erfahrung, jenseits des Persönlichen überhaupt, man sieht da keine Verbindung zu abstrakten Gegenständen. Eben deshalb steht einem der Eifer selbst umso deutlicher vor Augen, als übertriebene Insistenz, als Wahrheits-, Geltungssucht und dergleichen. Man schämt sich, Zeuge so verstiegener Ambitionen zu sein, eines Ellenbogengetümmels in sphärischen Räumen, eines heftigen Schnaufens in allzu reiner Höhenluft. Doch der böse Blick aufs Eifern im Abstrakten könnte sich auch täuschen, es mag wirklich ein persönliches Wohl und Wehe mit den ›Grundlagen der Ethik‹, der ›Referenz der Sprache‹, der ›Konstruktion der Außenwelt‹, den ›notwendigen Prädikaten des Absoluten‹ usw. verbunden sein … wobei dann die Beschämung vollständig wäre: Man fühlt sich peinlich berührt, Zeuge eines heiligen Irrsinns oder jedenfalls einer allzu edlen Verirrung geworden zu sein, die in der Welt des Dingfesten und Personhaften keinen Platz haben kann. Man meint, leibhaftig gewordenen Universalien bei ihrem Wüten gegeneinander zuzusehen; Abstrakta, die sich – vielleicht aus Generosität, vielleicht aus Selbstvergessenheit, vielleicht aus Langeweile – unters Volk gemischt haben. Man steht beschämt vor diesem Abstieg und möchte ihn rückgängig machen, möchte die abstrakten Furien zurücksenden in die höchstgelegenen Wolkenkuckucksheime und Himmelstollhäuser.

Die Philosophen faszinieren jene, die gewisse theoretische Probleme gern zu praktischen ernennen, um sich an deren Unlösbarkeit zu trösten; die Anfälligkeit für Philosophen mag daher Ausweis oder Anzeichen einer Begabung zur Melancholie, dieser nicht erlösbaren Trauer, sein. Doch bald trennt sich die Spreu vom Weizen, und die echten, geborenen, berufenen Melancholiker werden auf das Mittel verzichten, das ihr Leiden in ein *Werk* verwandelt.

Was einen Philosophen anziehend macht, das ist die Art, seine Sekrete – seine Galle, sein Blut – in feste Bahnen zu leiten.

Philosophisch schreibt jeder, den die Aussicht auf einen Ausleger nicht auf ein Werk verzichten ließ.

Der Philosoph muss zum Historiker werden, wenn er es an Bedeutsamkeit seines Gegenstandes mit dem Theologen aufnehmen will.

Ein metaphysisches Werk gewinnt unseren Respekt, wenn wir es als Notwehr gegen das Positive begreifen können.

Professionalität verrät, wen die Bücher seiner Kollegen weder vergnügen noch belehren.

Wen der Ehrgeiz plagt, ein Werk zu schaffen, der kann kein freier Geist sein.

Der Seufzer, dass es zu viele Bücher gebe – dezente Form der Klage, dass es zu viele Philosophen gebe? Die Klage, dass es zu viele Philosophen gebe – dezenterer Seufzer, dass es zu viele Menschen gebe? Wer seufzt?

Zu viele Bücher kann es nie geben. Höchstens zuviel Gedrucktes.

Sobald man einem Zeitgenossen zu verstehen gibt, dass man seiner Werke nicht bedarf, wird er sich schon für einen Künstler, einen Denker halten müssen oder, wo man es sich wieder anders überlegt, für einen Philosophen.

An nichts glauben und zugleich unter einer ursprünglichen, ja vorgeburtlichen Aggressivität leiden – wie sollten daraus keine *Gesammelten Werke* entspringen?

Ein nichts als nachdenklicher Philosoph wirkt immer etwas verstört.

Was die modernen Philosophen ihren Lesern zu verraten haben, sind die Geheimnisse des Seienden – des Unbewussten, der Strukturen, der Materie, der Gene, des Lebens usw. Man liest diese Bücher kein zweites Mal, sowenig wie sich ein Geheimnis zweimal verraten lässt.

Das Buhlen um die Neugier der Heranwachsenden wird immer verzweifelter. Schon haben einige Philosophen erbeten, dass man auf ihre Bücher das Etikett »Nur für Erwachsene« klebe.

Was den deutschen Ironiker vor den Ironikern aller anderen Völker auszeichnet, ist nicht allein die Theorie der Ironie, über die er verfügt, sondern die zuverlässige Mitteilung über den Zeitpunkt, da er sie anwenden wird.

Vielleicht wird schon in ein paar Jahren oder Monaten oder Wochen über manchen Philosophen unserer Tage das Urteil gesprochen sein, wenn sein Grabspruch lautet: ein Vielbeschäftigter.

Die Metaphysik verkümmert nicht, wenn niemand philosophiert, sondern wenn alle philosophieren.

Die philosophischen Schriftsteller eines aufgeklärten Weltalters haben entweder den Ehrgeiz, ihren Lesern das Denken zu ersparen, oder die Anmaßung, ihnen das Denken beizubringen.

Gegen das Lob des lebenden Professors sind die toten Denker wehrlos.

Man liebt seinen Kierkegaard, seinen Nietzsche nicht mehr genug, wenn man eine Abhandlung über ihn schreibt.

Der unverändert gute Ruf mancher Autoren ... weil sie schon lange niemand mehr liest.

Wenn man wieder so ein blitzgescheites Buch über Feingefühl, nein: ›emotionale Intelligenz‹ aus der Hand legt, dann möchte man doch gar zu gern die Bedürftigen kennenlernen, für die das geschrieben ist.

An einem wahrhaft metaphysischen Werk beeindruckt das Missgeschick, durch das jemand aus einer Mehrzahl von – uns ohnehin nicht mehr geläufigen – Geläufigkeiten abirrte, um einen Sinn zu gewinnen, den wir als Unsinn festhalten können.

Sprachliche Perfektion: eine Tochter von Leidenschaft und Angst – von leidenschaftlicher Angst vor der Blamage.

Dieser Philosoph da verblüfft einen in jedem Herbst, mit jedem Buch aufs Neue: es gelingt ihm, unseriös und trotzdem langweilig zu schreiben!

Manche Gedankenfrucht wäre vielleicht ganz und gar ohne Nährwert, wenn nicht der Wurm in ihr steckte.

Befremdlicher Nachwuchs. Bereits die zehn Jahre Jüngeren schreiben so, als wüssten sie ganz sicher, dass niemand sie lesen wird.

*

Kein Lebender kann etwas schreiben, das mich so berühren würde wie das Buch eines Toten.

Herbst. Oder Frühjahr. Wie auch immer: Jede Menge Bücher, an denen man nicht mehr vorbeikann.

Einem faden Buch wird nur die Rezension gerecht, die nach nichts schmeckt.

Gewisse Bücher will man lieber ein zweites Mal schreiben als ein zweites Mal lesen.

Der Arglose bevorzugt die ›menschlichen‹ Schriftsteller und die ›tabulosen‹ Wissenschaftler.

Wer tut, was er kann, gerät leicht in Verruf unter den Berufenen.

Die Schreibmaschine des Meisterdenkers steht nur äußerst geräuschvoll still.

Die Lücke, die ein System aus Trivialitäten lässt, wird mit einer brillanten Dummheit gefüllt.

Um die literarische Produktivität eines Philosophen, der uns *etwas sagen* will, muss uns bange sein, denn irgendwann wird er es gesagt haben.

In der Gegenwart gibt es gewiss nicht mehr mittelmäßige Philosophen als in irgendeiner Vergangenheit. Weniger tröstlich ist, dass sie sich heute durch ihre *Werke* zu erkennen geben.

Unmöglich, ein Buch über einen Denker zu schreiben und nicht darauf gespannt zu sein, was der Kollege dazu sagen werde – der Kollege des Buchschreibers, nicht des Denkers!

Je nachhaltiger eine Obsession, desto flüchtiger ihr Ausdruck. Dagegen die vermeintliche Beständigkeit der Werke, die, von Gleichgültigen geschrieben, von Gleichgültigem berichten – von Ideen.

Ein Werk für Einfältige abfassen heißt bereits nach dem ersten Wort stocken, über die Bedeutung dieses Wortes zu Erklärungen ansetzen, die weitere Worte und weitere Erklärungen nach sich ziehen – mit einem Wort: ein philosophisches Buch schreiben.

Da ist kein anderer Weg: Wen es nach einem Konzentrat der Dummheit verlangt, der muss sich an den Weitschweifigen halten.

Morgen früh werden vielleicht mehr ›philosophische‹ Bücher veröffentlicht als von Platon bis heute!

Wer noch nie ein philosophisches Buch zu verschenken wagte, der kann nicht ganz ohne Einsicht sein.

Bei den Geisteswerken der Vergangenheit kann man an keinem Punkt danebengreifen, bei den gegenwärtigen Produkten muss man nach seinen nicht-geistigen Interessen entscheiden.

Wer es darauf anlegt, in der Freiheit von Irrtümern Fortschritte zu machen, der muss sorgen, dass er große und immer größere Irrtümer vor sich habe, die ihn von seinen kleineren befreien.

Sollen wir von den philosophischen Werken, die jener Verlag publiziert, auf die philosophischen Werke schließen, vor denen er uns bewahrt hat oder auf die wir noch gefasst sein müssen?

Um die Publikationswut in den ›Geisteswissenschaften‹ begreifen zu können, muss man sich daran erinnern, dass sie von potentiellen Arbeitslosen betrieben werden.

Wer die Taten des Geistes, um sie zu ermöglichen oder zu rechtfertigen, eine Arbeit nennt, hätte tatsächlich jede Art von Arbeitslosigkeit verdient.

Noch am gefeierten Nestor einer Fachwissenschaft bewundert man den Zufall, der den zu allem bereiten Geist gerade auf *dieses* Fach verwies.

Das Werk eines Jungphilosophen, durch dessen Lehrer mit Empfehlungen statt mit Verwünschungen bedacht, darf man getrost ignorieren.

Nur die Einfälle des Geistreichen und des Einfältigen bleiben frei von jener gequälten Notwendigkeit, die ihnen der Professionelle des Geistes andichten muss.

Die Köpfe einer Wissenschaft sinken und fallen, die Fußnote aber behauptet ihren Platz in alle Ewigkeit.

*

Ein übel geschriebenes Buch rechtfertigt man mit den Übeln der Welt, die es anklagt. Aber das gute Buch? Das Gute, das sich zum Buch herabließ, darf sich vielleicht durch die Zahl übler Bücher gerechtfertigt finden.

Ein Geisteswerk, das diesen Titel verdient, erscheint zunächst mangelhaft und später überflüssig.

Bücher wirbeln wenigstens dann Staub auf, wenn man sie aus dem Regal nimmt.

Manche Rezensionen enden mit dem Satz, dass das rezensierte Buch ›rückhaltlos empfohlen‹ werden könne – vermutlich genauso rückhaltlos, wie es geschrieben wurde.

Weg vom Philosophem und hin zum Aphorismus tendieren nur jene, denen es bereits als Schülern peinlich war, einen Beweis in allen Schritten vorzuführen.

Dass ich mit den maßgeblichen Büchern ausgestattet bin bis zum Ende, beunruhigt mich schon seit längerem.

Sekundärstufe

Man möchte den Respekt vor diesem Autor bewahren, aber was hilft's – unermüdlich sendet er einem seine Bücher zu.

Wer über Literaten forscht, ist ein Literaturwissenschaftler, wer über Künstler spricht, ein Kunstkenner. Und wer über Philosophen schreibt, gilt als Philosoph.

Den Primären widerlegt der Sekundäre, den Sekundären die Publikation.

Den Lärm um das unnötige Werk rechtfertigt, dass er in aller Stille ausgebrütet wurde.

Es gibt eine Unfruchtbarkeit, die zur Fülle drängt. Beim geborenen Kommentator sammeln sich die Rezensionsexemplare wie bei der alten Jungfer die Porzellanpuppen.

Kein Buch entgeht seiner Kompetenz: er nennt es ›brillant‹ – und es beginnt zu glänzen vom drübergeschmierten Lob.

Er hatte alles frisch aus zweiter Hand.

Er bewundert nur, wo er loben darf.

Er kam durchs Leben wie durch seinen Text: immer flott und ein wenig gespreizt.

Ein Klassiker der Publikationslistenprosa. Sie bedarf keiner Klassik, um zu leben, nur der Klassifikation.

Um den sekundären Geist vollständig zu blamieren, genügt es, ihn vollständig zu zitieren.

Kein Zweifel, er muss sich für einen Philosophen halten: er hat ›über Nietzsche gearbeitet‹.

… schreibt so viel und so sorglos, als wüsste er schon, dass niemand ihn lesen wird!

Seine Meinungen sind ihm wichtig, er nimmt sie von überall her, er gibt sie überall hin.

Könnte er auch nur einen Zipfel der Trostlosigkeit erhaschen, die aus seinen Büchern und Aufsätzen ragt, so müsste man umgehend nach einem Biographen für ihn Ausschau halten.

Mit der Geschwindigkeit seines Urteils wetteifert die Vorzüglichkeit seiner Gesinnung.

Diese Hast, womit er Denkerleben zu Taschenbüchern verarbeitet … als ob er ahnte, dass es über ihn keine Biographie geben wird. Der Kommentator um 1900 durfte sich als Philosoph fühlen, weil er über die Gedanken von Philosophen schrieb, ein Jahrhundert später darf sich als Philosoph fühlen, wer über das Leben eines Philosophen schreibt.

*

Kein Verschwinden der ökonomischen ohne Wachstum der schreibenden Mittelklasse! Mitte wozwischen? Zwischen dem Beschreibbaren und den Unbeschreiblichen, die das lesen. Vom ersteren ausgehalten, aus letzteren aufgestiegen und von ihnen ständig bedroht – jeder will schreiben (und kaum einer Handel oder Handwerk treiben). Ihr Ruf: ›Das Beste für alle!‹ Diese Zwischenschicht, die Sekundären – zuletzt ganz unter sich, über sich schreibend. Lauter *subiecta* eben, sich selbst Unterstellte, ihrer selbst Ansichtige somit. Eine Klasse? Hass nach oben, Furcht nach unten. Eine Klasse!

Es gibt joviale Philosophen, die für jeden ihrer Leser eine Ausnahme machen, indem sie ihm vertraulich von den großen Denkern flüstern.

Nicht die Nachahmung Nietzsches ist es, was lächerlich macht, sondern nur, was lächerlich ist an Nietzsche, lässt sich nachahmen.

Der Bedarf des Kommentators an fremder Naivität ist so unerschöpflich wie der Bedarf des Zivilisierten an importiertem Rohstoff.

Man darf Nietzsche zugutehalten, dass, hätte er die Existenzen vorausgesehen, die seine Gebeine benagen würden, er seinen Wahnsinn nicht hätte simulieren müssen.

Den Philosophen der Neuzeit, der seine Lieblingsidee fütterte, verdrängte der Philosophiewissenschaftler der neuesten Zeit, der seine Lieblingsphilosophen melkt.

»Wie wenig muss einer zu denken gehabt haben, dass er soviel hat lesen können ...« – wie wenig muss einer zu lesen gehabt haben, dass er so viel hat schreiben können!

Die Gedanken der großen Geister wären weniger lästig, wenn die Dummköpfe sie nicht überall verbreiten würden.

Um zu beweisen, dass man gewisse Denker nicht verstanden habe, genügt es oft schon, sie ausgiebig zu zitieren.

Was man in der kommentierten Klassikerausgabe von Zeit zu Zeit austauschen muss, sind die Kommentare.

Wenn der Kommentar zehnmal so dick ist wie das Kommentierte, dieses also fast unsichtbar, dann tröstet die Versicherung des Rezensenten, dass man an dem Kommentar ›nicht mehr vorbeikann‹.

*

Der Lästigste unter den Schriftstellern ist, wer uns auf die Wichtigkeit von irgendetwas hinweist, das wir schon kennen, der uns von etwas überzeugen will, das wir schon litten, kurz: der Bedeutungsweiser, der Gesinnungswirker. Wir fühlen uns von ihm belästigt, weil lieblos beobachtet, er tönt wie eine einzeln hängende Glocke auf leerem Feld, ganz unbekümmert um den Zusammenklang mit anderem, doch läutet er eben nur, wenn er jemanden in der Nähe weiß. Uns überzeugt aber allein, wer uns nicht überzeugen will, wer uns nicht mit seinen Meinungen belästigt, weil er nicht frei ist, welche zu haben – uns überzeugt nur, wer gefangen ist im Kampf mit irgendeinem Ungeheuer oder Ungeheuren. *So einen* sehen wir wie mit Unsichtbarem ringen, ein Schattenboxen, wir treten näher, wir hören auf das Ächzen – Fluchen und Seufzen – des Kämpfers, ein durchaus expressives Gebrabbel. *Wir* interessieren *uns* – nicht er interessiert uns! Wir interessieren uns für das, was ihn so rücksichtslos schreien und sprechen und schreiben lässt, wir sehen immer noch nichts, treten noch näher und hören sein Ächzen aus unseren Kehlen steigen.

*

Wenn ungehobelter Sekundärfleiß alle Namen der Primären ausbuchstabiert hat in seinen Aufsätzen, dann verbleibt dem Respektvollen als einzige Geste, die primären Geister nicht mehr zu zitieren.

Der Vereinfacher verschont niemanden, schon gar nicht den Denker des Einfachen.

Produktion aus der Unentschiedenheit – zwischen Plagiat und Kritik.

Wer als Schüler beginnt, wird als Lehrer enden.

Lob ist Liebe von oben herab.

Manche Denker können ihr Denken bis zur Raserei treiben – ihrem Werk ist es dennoch bestimmt, in die Hände der Jünglinge *und* der Professoren zu fallen.

Der einzige Vorsprung des mittelmäßigen Schriftstellers vor seinem Publikum besteht in den Intimitäten, die er in seinen Büchern ausplaudert.

Wer zitiert, stellt sich über oder unter den Zitierten.

Die Hoffnung des Jüngers der Philosophie ist es, im Laufe der Jahre immer weniger langweilige Bücher seines Meisters lesen zu müssen und schließlich selber spannende schreiben zu können.

Nur bei Kopien entscheidet Qualität. Bei Originalen begnügt man sich mit Echtheit.

Wem es gelingt, eine Philosophiezeitschrift von Anfang bis Ende durchzulesen, hat es verdient, zum Thema eines der dort abgedruckten Aufsätze zu werden.

Solange sich die Professionellen der Philosophie damit begnügen, deren Petrefakte weiterzureichen, ist der Ruf der Philosophie nicht in Gefahr.

Die Humanwissenschaften sind das Tummelfeld eines Menschenschlages, der zum Dienen geboren ist und sich zum Schaffen berufen glaubt.

Rezensionen dürfen nicht erwartet, sondern müssen organisiert werden. Was man erwarten darf, sind die dadurch organisierten Leser.

Hätten fürsorgliche Philosophen nicht hin und wieder für Unverständlichkeiten gesorgt, würden die *Gesammelten Werke* gar nichts mehr zu denken geben.

Die intellektuellen Bleichgesichter einer Epoche erkennt man unfehlbar daran, dass sie die intellektuellen Blutvergießer der vorangegangenen Epoche zu Gesamtausgaben und Begleitkommentaren verarbeiten.

Die einbalsamierten Ideen, die der Philosophieprofessor von seinem Vorgänger übernahm und nun enthüllen will, verwesen an der Luft.

Wer sein Zitatgut bei den Zeitgenossen sucht, bezeugt seinen Hang zur Vulgarität allzu offenherzig.

Ein Denker, über den man ein Buch geschrieben hat, kann einem nicht mehr helfen.

*

Je mehr ein Dichter denkt, also sein eigener Kommentator ist, desto mehr Kommentatoren möchten es ihm nachtun.

Das lautstarke Verdienst, nicht verdienstloser Unwert macht schweigendem Verdienst zu schaffen.

Nietzsches Pöbeln gegen Sokrates – Nietzsches Grauen vorm nicht schreibenden Sokrates. Der Streber-Schriftsteller, zitternd vor einer Klarsicht, die sich nur in Worte fassen lässt und die ein ›Werk‹ ausschließt.

Jünglinge und Professoren lieben die inkohärenten, die wankelmütigen Denker, die man ungestraft imitieren oder endlos interpretieren kann.

Die wichtigste Leistung des Kommentators ist, dass er die Klassiker als schwer verständlich erscheinen lässt.

Welcher Autor kopiert schlechter: der Stücke aus dem Original schneidet oder der es im Ganzen nachahmt?

Eine Übersetzung ist die subtilste Rache am Original.

Nicht aufrichtig bewundern zu können, ist ein Unglück, das weder Trost noch Erbarmen findet.

Der Exzess des Adjektivs beschert dem Kommentator ein Entzücken, vor dessen Verzerrtheit man die Augen niederschlagen muss.

Je klarer sich ein Autor ausdrückt, desto mehr Interpreten findet er: Nur wo ein Gedanke jedermann einleuchtet, kann man sich einen Namen machen.

Wer statt der mittelmäßigen Schriftsteller seiner Zeit die einer vergangenen liest, hat wenigstens den Trost, dies nicht zu seinem Vergnügen zu tun.

Was man den wildwüchsigen, hochschäumenden und glutspeienden Geistern der Vorwelt nicht verzeihen kann, das ist, dass sie dieser kalt kriechenden Brut von Editoren, Kommentatoren und Kopisten das Dasein ermöglicht haben.

Schamhaftigkeit

Schamlosigkeit: vor aller Augen in Gedanken versinken.

Schluss machen mit den Dualismen, die Leib-Seele-Spaltung überwinden … nichts leichter als das: Wer sich nur oben oder unten feilbietet, erhält sein Leben als ganzes.

Viele gedankenfreudige, ideenempfindliche Menschen schämen sich für ihre philosophischen Anfälle. Den Philosophen von Gewerbe oder Geblüt ist diese Scham fremd, weil sie sich Kopf, Hirn, Auge, also jedenfalls Teil zum Ganz- und Vollständigmachen dünken, nicht wuchernder Abszess. Dennoch wäre solch funktionsloses, funktionshemmendes Wuchern nicht nur die beste Metapher fürs Denken, wenn es philosophisch wird, sondern auch dessen Rechtfertigung: das Denken stößt hinzu, lebt sich ein, wächst sich aus, es ist Gast irgendwo und sollte seinen Gastgeber nicht beleidigen dadurch, dass es sich ihm nützlich machen will.

Skepsis, als ein Wissen von Verblendungen, wirkt anständig nur dort, wo sie nicht über die Verblendungen erhebt.

Scham ist die Formel für ›Geist‹ überhaupt. Von wem man sagt, er *sei* Geist, der muss sich schämen. Manchmal war diese Scham leicht gemacht – noch wer vor einem Menschenalter Geist essen durfte, konnte es nur *auf jemandes Kosten* tun. Geist ist Gast immer bei etwas, das nicht Geist ist. Das Bewusstsein dieses Parasitismus ging den Philosophen irgendwann verloren, es gibt jetzt so viele Philosophen nicht zuletzt deshalb, weil sie sich in so wenig Geist teilen müssen. Ein Philosoph ohne Gastgefühl ist nicht einmal geistreich, geschweige Geist.

Das Spiegelbild seines Gesichts beunruhigt den Menschen stärker als das Spiegelbild seines Denkens.

Was bei den Philosophen nicht brennt: Sehnsucht und Scham.

Selbstdenker

Der Originelle wünscht, dass ihn das Publikum liest und die Fachwelt lobt, doch es kommt umgekehrt.

Woran ein denkendes Wesen leidet und was es verschweigt, das bildet seinen Wert. Der Originelle leidet an nichts; was er zu sagen hat, sagt er.

Geistreich kann auch ein Automat sein, geistlos nur ein Mensch.

Sauerstoffarmut deutet auf Höhenluft – oder auf Höhlenluft.

Die Überzeugung, so etwas wie ›eigene Gedanken‹ zu haben, garantiert ein Minimum von Anschauung, von Einsicht, ja Introspektion: vertieft sein ins Beglotzen seiner selbst.

Man wird augenblicklich zum Freigeist, wenn man erfährt, dass man für seine Gedanken nicht zu büßen haben wird.

Das Bewusstsein der eigenen Intelligenz lähmt einen Denker und macht ihn abhängig von der Gesellschaft fürsorglicher Dummköpfe.

Dem Skeptiker seine Bodenlosigkeit vorzuwerfen hieße, eine Partie Schach mit jemandem spielen zu wollen, der auf den König verzichtet hat.

Jeder Armselige erzeugt seine eigene Art von Überfluss. Unter dem unglaublichen Lob, das man diesem Philosophen gespendet hörte, war dies: dass er *geistreich* sei. Dann, als er sich angetan zeigte von seinem Geistreichtum, dass er *Witz* habe … Bald war er so fest überzeugt von seinem Witz, dass er seinen ältesten Glauben offenbarte: den Glauben an seine *Ironie*.

Man weiß nicht, was aus dem Selbstdenker geworden ist. Als Kind jedenfalls war er jener entzückende Fratz, der an Familienabenden seine heiteren Besinnlichkeiten aufsagen durfte.

Ironiker

Was der Philosoph seine Ironie nennt, ist gewöhnlich die Großmut gegenüber jenen, deren Geschäfte ihn ernähren.

Der Glaube an die eigene Ironie bildet das Grundgesetz jeder Gesellschaft von Geistesfrommen, Geistesgläubigen, Geistesschwachen.

Die ironische Mitteilung muss dort scheitern, wo man das Mitgeteilte selbst für ironisch hält.

Die Vermählung einer Idee mit einer Wirklichkeit gleicht selten einer Vernunftehe.

Dem ›ironischen‹ Philosophen gelingt es nicht zu lächeln, ohne jemandem zuzulächeln.

Der gläubige Dummkopf lächelt fortwährend fein ironisch, denn er weiß sich beobachtet.

Ironie, wo nicht selbstgemachtes Geschenk der späten Jahre, ist Gabe bzw. Defekt der Geburt.

Wenn ein deutscher Gelehrter sich für ironisch hält, kann man sicher sein, dass er in irgendeinem seiner Bücher auf die dort versteckte Ironie hinweisen wird, welche die meisten seiner Leser sonst leicht übersehen hätten.

Über niemanden spotten, der über sich selbst spottet. So lautet die Regel. Was aber ist mit dem überaus Ernsthaften, dessen Ernst jeder Beschreibung spottet …?

Die Rede des professionellen Ironikers ist stets ernstzunehmen, jedenfalls in ihrem Mittelteil, dem Hinweise auf seine Ironie voran- und nachgestellt sind.

Ironie hat ihr Recht als Rache an der Welt, Selbstironie als Rache an sich selbst.

Berufene

Für ihren Ruf denken Philosophen alles, sogar das Notwendige.

Berufen dürfte man allein jene nennen, die ihr Leben verpfuscht glauben, ohne dafür einen Beweis nötig zu haben.

In der Regel empfindet es ein Philosoph als Niederlage, wenn er etwas anderes zu sein versteht denn Philosoph.

Zum Lehrer darf sich jeder berufen fühlen, der seine Witze mehr als einmal erzählen möchte.

Berufung ist das, wovon der Berufene nichts hören will und wovon der Berufene etwas hört, auch wenn nichts zu hören ist.

Ein Übermaß an geistiger Erregbarkeit macht unfähig zum Philosophieren bzw. zu jener Sammeltätigkeit, die sich im Schriftenverzeichnis krönt.

Das Unkindliche stößt ab bei Professionellen, diese Unwilligkeit zu staunen. Die Professionellen zeigen sich nicht naiv, sondern bloß kindisch, mitunter gewitzigt.

Warum bricht, während die Philosophen philosophieren, nicht hinter ihrem Rücken die Welt zusammen? Die meisten Philosophen sind stolz darauf, dass diese Frage sie nicht beunruhigt, sie wissen, dass ein Staat einsprang, wo ihr Gott abdankte.

Das Geheimnis der Berufung zerfällt für den Unberufenen in die Alternative von Talent und Fleiß.

Philosoph ist, wer das Ansehen eines Gelehrten benötigt, um wie ein Beamter arbeiten zu dürfen.

Die ehrlichen Philosophen halten ihr Tun für derart fragwürdig, dass es nur durch eine – durch ihre persönliche Anstrengung gerechtfertigt scheint.

Profession hat mit Prostitution mehr gemeinsam als eine Silbe.

Wenn jemand das Denken lehrt, wirkt das immer ein bisschen lächerlich. Sei es, weil hier ein Denker zum Lehrer geworden ist, sei es, weil ein Lehrer zu denken anfing.

Die Philosophenbegabung – eine Art von chronischer Knabenhaftigkeit, von unvergänglichem Bübchentum, gleichermaßen entfernt vom Staunen des Kindes und vom Delirium der Jünglingsdichtung. Entwicklungslos, aus dem knäbisch-bübischen Großwörterverbrauch in den pedantisch-philiströsen gleitend.

Regeln gebendes Genie trifft man häufiger als Regeln beherrschendes.

Was Hegel angeht, so ist seiner Einverleibung aller Standpunkte jeder Journalist näher als ein Berufsphilosoph, dem über Jahrzehnte *ein* Dialekt eingeprägt wurde und dessen geistige Laufbahn darin besteht, einen zweiten zu erlernen.

Es hat seine Richtigkeit damit, dass die Professionellen des Geistes zumeist von zweifelhaftem Charakter scheinen: Wer ohne Anlass denkt, gleicht dem Aufwärter, Türsteher, Wegbereiter, der allen Anlässen zuvorkommt.

Die Seriosität eines Berufsdenkers beweist sich darin, dass er außerhalb seines Berufs nicht denkt. Ansonsten handelte es sich bloß um einen Gedankenverlorenen bzw. einen Zerstreuten, der rätselhafterweise eine Anstellung fand.

Wenn man gelernt hat, dem Leben zu misstrauen, wird man zu jeder Laufbahn fähig, allen voran zu einer Laufbahn als Philosoph.

Wer zum Denken berufen ist (und nicht bloß auf eine Professur), den wird man an zweierlei erkennen: 1. Die Diskussion von ›Philosophen‹ wird ihn unbedingt kalt lassen. 2. Die kleinste Unebenheit in der alltäglichen Welt wird ihn zu einem Furor reizen, den er nur mit einer allgemeinen Theorie über die Nichtigkeit der Unebenheiten beruhigen kann.

Die im alltäglichen Dasein nicht zu dienen verstehen, drängen in die Kunst, die Literatur, die Philosophie ... überall dorthin, wo das Gebot des Dienstes absolut ist, der absolute Herrscher sich aber nur ausgewählten Lieblingen zeigt.

Das Leben der Gedankengenies endet gewöhnlich damit, dass man ihre Harmlosigkeit entdeckt und sie durch allerlei Ehrenbezeugungen verhöhnt.

Philosophen haben selten Sinn fürs Lächerliche. Lächerlich finden Philosophen bestenfalls den Menschen, der über das Wissen und die Sprache eines Professors verfügt, ohne selbst einer werden zu wollen.

Am Fachmann beruhigt uns, dass er in seinem Fach nicht zu irren wagt – und uns also großartige Aussichten in allen anderen eröffnet.

Wo anders hätten die Innerlichkeit und ihre Wüsten erblühen können als in diesem Land, wo alle Form und Zucht von den *Didaktikern* vereinnahmt wurde?

Kein Zyniker, also kein Professioneller.

Sobald ein Berufsdenker von ›Besinnung‹ spricht, bekommt das Wort einen falschen Klang – einen Beiklang von Eifer, Ehrgeiz, emsiger Suche nach irgendwas. Kurz: nach genau dem, wovon Besinnung abhalten sollte.

Die Philosophen teilen sich in zwei Klassen. Die eine hat mehr Liebe als Weisheit, die andere mehr Weisheit als Liebe zu geben. Eine dritte Klasse ließe sich denken, die nichts im Überfluss hat und von der man nicht erfährt, vielleicht, weil sie schweigt.

Eine Akademie scheint eine ausgezeichnete Sache, solange man sich noch niemals als Akademiker geschmäht fand.

Wo drei verfeindete Schulen alle Stühle besetzt haben, kann der Jungphilosoph nur kriechend vorankommen.

Abendgrauen

Es klingt wie ein Witz. Aber selbst noch im tiefsten Abendgrauen kann man welche hören, die sprechen: Wir als Philosophen, oder gar: Wir als Philosophierende. Als wenn das Gewesene nichts wäre.

Auch im Gedachten sind die Ruinen schöner als die Rekonstruktion. Manche Philosophen wissen es und suchen ihren Ruin, in der Eile schafft das nur die Fehlkonstruktion.

In der Philosophie wechseln die Ahnungslosen mit den Abgebrühten, ihr Ende ist die ahnungslose Abgebrühtheit, die abgebrühte Ahnungslosigkeit.

Wer wäre nicht seiner Wachsamkeit und seines ›Selbstdenkens‹ irgendwann überdrüssig? Die Lektüre zeitgenössischer Philosophen schenkt den guten Schlaf, die Lektüre toter Denker schenkt die aufregenden Träume.

Die dauernde Nähe des Endes ist als These nicht ganz lächerlich. Man ist ja meist auch länger alt als jung.

Vielleicht gilt auch für die philosophische Welt: nicht schlecht, aber voll.

Den ungebetenen Gast, den man endlich loswird, kann man beim Abschied gar nicht groß genug machen.

Sich für andere mehr zu interessieren als für sich selbst – eine Kleinigkeit, wenn man ringsum alles seinesgleichen findet. Die kosmopolitische Ethik gedeiht in den kleinen Kreisen.

Aufklärung als Turmbau: aus der Sprachverwirrung zur Metasprache, zur göttlichen Überbauung des menschlichen Untergrunds. Bis zur göttlichen Langeweile an der ganzen Himmelsstreberei …

Ins Reich des lumen intellectualis gehören die ausgeblasenen nicht minder als die aufgeblasenen Lichter.

Die trotzkistische Vergangenheit jenes philosophischen Mandarins wäre weniger lästig, wenn er sich nicht um ihretwillen zu einer transatlantischen Zukunft verpflichtet fühlte, die er unbedingt mit uns teilen will.

Untergänge entwickeln einen merkwürdigen Humor. Dieser Philosoph vorm Genlabor faselt: »die Zukunft ist noch lange nicht vorüber«, »die Zukunft kann nicht schlimmer werden als die Vergangenheit war«! Das Volk, das ihn nährt, ist klüger, es versagt sich alle erotischen Unbeherrschtheiten und geht ein; ausgenommen ein paar Jünger der Petrischale.

Wie werden die Philosophen sich verhalten, wenn Wasser und Wärme knapp, unbezahlbar und schließlich unzugänglich werden? Das ist die einzige Frage, die man sich stellen sollte, wenn einer von ihnen mehr verspricht als Wasser und Wärme.

Die jetzt prominenten Philosophien unterscheiden sich kaum noch von der Wirklichkeit, die sich feiert. Das eigentlich Anrüchige, dass Philosophen sich einladen zu dieser Feier, aktiviert Tröstungen historischer Art: man kann an ihnen besichtigen, was man selbst nicht mehr wird sein müssen.

Zugegeben, aus den Behaglichkeiten der Pessimisten dünstete Philistertum, doch was soll man erst sagen von jenen Hysterikern der Zuversicht ...?

Originär abendländisch sind nur jene Ideen, deren Zerstörungswerk man damit entschuldigt, dass die Ideen darin nur als Erscheinung wirksam waren.

Moderner Zynismus: auf halbem Wege verendete Heuchelei.

Erbarmungswürdiger als der Philosoph, der um Beweise für seine Nützlichkeit ringt, ist der Philosoph, der ihrer gewiss sein kann.

Wo ›das Leben‹ den Zweck aller Zwecke bildet, gibt ein Lebenszeichen einzig das Totgeborene.

Je mehr Unheil sie hinter sich versammeln, desto trivialer dürfen die repräsentativen Unholde sein.

Als Büttel des Unheils macht der Fachgelehrte selten schlechte Figur.

›Die Zukunft‹ ist der natürliche Verbündete des Hohlkopfs, der sein Recht auf Entleerung geltend macht.

Zuversicht kann sich nicht jeder leisten. Man muss in die Jahre gekommen sein, wenn nichts mehr schiefgehen soll.

Die Probe einer Spätzeit ist, ob der Geist mit Würde ins Lächerliche finde.

Der Denker – sein Bildnis, nicht sein Anblick! – weckt im Philosophen zuweilen den Nostalgiker.

Statt erhabener Nutzlosigkeit oder ehrwürdiger Erkrankung: trostloses Strebertum, kirschrote Pausbäckchen wuchernder Gesundheit.

Von der Lebenskraft der Philosophie zeugen die Philosophen, die leben können auch ohne sie.

Wo die Dinge spruchreif werden, erübrigt sich das Urteil.

Der moderne Philosoph ist ein Industriearbeiter, der davon träumt, ein Industrieller zu sein.

Das Mittelmaß besetzt den besten Platz. Das scheint ungerecht. Ungerechter wäre es aber, wenn das Gute einander Konkurrenz machen müsste, um den besten Platz besetzen zu dürfen.

Seit dem Jahrhundert, da ein missglückter Künstler und ein verhinderter Priester wüteten, bleibt den Philosophen nur die Wahl zwischen Brutalität und Bedeutungslosigkeit.

Sobald die Götter und die Idole, Ideen, Ideologien gestorben sind, ist wieder alles möglich: Man weiß nicht mehr, wer wen in wessen Namen töten wird, das Schicksal bzw. der Zufall ist wieder in seine Rechte eingesetzt, dem Menschen bleibt das Selbstvertrauen.

Viele Philosophen haben schon vergessen, sich wie Philosophen aufzuführen und auch, dass Philosophen sich nicht wie Philosophen aufgeführt hätten.

Ein rasender Sokrates, von heute, in Atemnot: nicht abreißend seine Jauchzer über das Entbehrliche – all die Petrischalen, Raketenschirme und Vorstöße für die Permanenz der Plastikfolie.

Das Unheimlichste ist die Regsamkeit inmitten der Verfettung.

Dieses Zetern mit dem lieben Gott, jetzt, wo es nicht mehr gefährlich ist …

Kein Gespräch der Philosophie. Dafür jede Menge letzter Schreie.

Wie doch jeder, der mit Goethes Weltsicht nicht mitkommen kann, aller Welt davon mitteilen muss!

Es genügt zu wissen, dass man Gedanken zu Gott, Mensch, Staat, Zeit öffentlich äußern darf, um zu wissen, dass sie bedeutungslos sein werden.

Wer schon die gegenwärtigen Philosophen nicht erträgt, der könnte sich damit trösten, dass es sich bei der Gegenwart um eine unvollständige Zukunft handelt.

Wie ernst die Lage ist, entnimmt man der Ubiquität des Zähneklapperns: nicht nur die Philosophen, selbst die Manager mümmeln von der moralischen Notwendigkeit des Optimismus.

In manchen Epochen ist die geistige Bescheidenheit so weit verbreitet, dass man sie nicht mehr nachahmen kann.

Gegen Ende der Geschichte werden die Ideen knapp. Und von den verbliebenen behauptet jede, sie selbst wäre das Ende der Geschichte.

Philosoph sein hieß lange, die Dämmerung der Welt abzuwarten, um ihr ein Licht aufzustecken über sich. Ein so anmaßender wie argloser Ehrgeiz, geboren aus dem Glauben, eine Welt im Dämmerlicht werde keine Augen mehr haben für die *Philosophendämmerung* …

Keine Hoffnung ohne Träume, keine Träume ohne Feste: Eine Runde Trinker hat sich stumm gegrölt und sinkt, inmitten ihrer überall verschütteten Äußerungen, in den Schlummer; dann und wann erwacht noch ein Misstrauischer, öffnet sich noch das eine oder andere verquollene Auge, ob auch wirklich *alles* versunken sei, und plumpsend fällt das Vertrauen wieder ein, kehrt ein bei sich selbst und seinesgleichen; die Philosophen verlernen Misstrauen und Angst, lernen schweigen aus der Gewissheit, dass *alles* schläft; irgendein Untergang, ein garantiertes Grauen deckt den Mantel über die Stillgestellten, hier und da zuckt noch ein Extrem; nur aus den Träumen grunzt und stöhnt es weiter.

Tote Philosophen

Man liebt die koketten Frauen nicht und die lebenden Philosophen, man lässt sich nicht zu Herzen gehen, was allzu absichtsvoll zappelt.

Unter dem Atem des Philosophen, der sich über das Buch seines Vorgängers beugt, vergilben die Blätter.

Man kann nicht alle Irrtümer zugleich begehen. Daher die Unaufhörlichkeit von Philosophiegeschichte.

Die Dummheit scheint mehr einer Kraft, die Intelligenz mehr einer Gestalt zu ähneln. So lässt sich begreifen, dass die Dummheit jede Gestalt annehmen kann.

Die Philosophiegeschichte häuft mit solchem Eifer unverlangte Antworten, dass man irgendwann beginnt, an die Existenz entsprechender Fragen zu glauben.

Der Geschichtsschreiber der Philosophie müsste vor Langeweile vergehen, würde er sich an alles zugleich erinnern, was er erforscht.

Ein Klassiker ist, wer niemals populär werden kann.

Einzig der als Person langweilige Philosophiehistoriker weckt Interesse für die Sache des Philosophen, über den er spricht.

Die großen Geister der Vergangenheit schützen sich vor den Professionellen der Gegenwart dadurch, dass sie ihnen ungehinderten Zutritt zu sich gewähren. Ihre Werke verfügen über so viel Raum, dass sich die professionellen Verwerter ein Leben lang darin herumtreiben können, ohne auch nur auf einen einzigen Gedanken zu stoßen.

An den Werken der toten Denker langweilt nichts, als womit sie überraschten.

In der Geschichte der Philosophie kommen zuerst die Leichenbestatter, dann die Grabredner, zuletzt die Notare.

Jedes Selbstgespräch eines Denkers ist das Gespräch mit einem Toten.

*

Die Denker des Ursprungs ... Man kommt nicht umhin, sie zu bestaunen, weil ihr Überdruss an der Welt sich mit sowenig Erfahrung zufrieden gab.

Wir finden einen Sokrates peinlich, ohne dass er uns peinigte, wir können uns eine Erlösung von dieser Figur einzig durch unsere Dezenz und Abkehr vorstellen – durch ungestörtes Laufenlassen des sokratischen Innehaltens.

»Gewiss doch, mein Sokrates.« »Ei freilich, mein Sokrates.« »Ja, mein Sokrates.« (Kebes) Freundschaft im Zeichen der Wahrheit ist unmöglich. So blieb dem Autor der berühmten Dialoge nichts übrig, als den Wahrheitsfreund mit Einfaltspinseln verkehren zu lassen.

»Allseits geehrt und von seinen Schülern beweint, verschied er.« Kann es Kläglicheres geben als ein solches Ende, als solche Eindeutigkeit des Verlusts?

Wer die Anamnesis feiert, der will, dass die Probleme gelöst statt vergessen werden.

Wo der Philosoph herrscht, da darf er Zyniker sein, da muss er nicht heucheln. Aber mit der Zeit trübt sich alles. Späte Sorte: Heuchler, die sich für Zyniker halten.

Ein Philosophenkönig ist, wer andere für sich denken lässt.

Aristoteles, Thomas von Aquin … Seelenverstümmler, die dennoch weniger Seelen auf dem Gewissen haben als die ›befreienden Geister‹, weil kaum eine Seele sich ihnen *freiwillig* zuwandte.

Er fragte sich, ob er zu den geborenen Platonikern oder zu den geborenen Aristotelikern gehörte. Er war zu bescheiden – bildeten doch die Dummköpfe stets eine Klasse für sich.

An der Inkompetenz seiner Schmeichler leidet der Meisterdenker wie ein König.

Mag sein, dass die *Selbstbetrachtungen* weniger Leser gefunden haben als der *Phädon* oder das *Symposium*, doch hat Mark Aurel gewiss mehr Seelen getröstet als Platon: Die Erzählung von der Bedeutungslosigkeit der Dinge wirkt stärker als die Theorie von ihrer höheren Bedeutung.

Der Hund als Philosoph … müsste er heute nicht ständig das Bein heben, auf jenem Boulevard, der in ›die Zukunft‹ führt?

Stoizismus: der Schmerz, der von sich selbst beeindruckt ist.

Zuerst war man enttäuscht, als man von den 300 Büchern erfuhr, die jener Weise, berühmtgeworden als Verfasser jenes einen Buches, geschrieben haben sollte. Dann erfuhr man, dass es sich um 299 Wiederholungen gehandelt hatte. Also wenigstens kein Inspirierter, der für jedes Buch einen neuen *Einfall* braucht …

Was ist ein Gottesbeweis gegen die nachgewiesene Notwendigkeit philosophischer Existenz, was ist Anselms Anstrengung gegen einen nutzbringenden Philosophen …

Diese Verlegenheit des Scholastikers, wenn man ihn auffordert, sich zwischen dem Heiden Aristoteles und dem Christen Descartes zu entscheiden ….

Die europäische Scholastik beweist, dass zwischen Unsicherheit und Übermut manchmal kein Stück Zweifel passt.

Aristoteles, Thomas, Hegel. Wer sich gegen einen von diesen empört, empört sich gegen das Erwachsenwerden.

Wenn der Christ den Platoniker einen Heiden nennt, so könnte dieser umgekehrt den Christen einen Barbaren nennen.

Gelegentliche Zweifel halten den Geist biegsam, methodische Skepsis verbiegt ihn.

Was einen La Rochefoucauld über einen Immanuel Kant erhebt: die Freiheit von Deduktionszwang in den Existenzen, denen er das Dasein ermöglicht hat.

Eine der anmutigsten Stellen in La Rochefoucaulds *Selbstporträt*: »Ich habe Geist, und ich sage das ohne Umschweife, denn wozu so viele Umstände machen?« Man vergleiche die Verdrucksthe it der Philosophen, die über ihren eigenen Wert urteilen sollen jenseits von Stuhl und Liste!

Die Vorurteile der Philosophen sind der Aperitif beim Gelage des Moralisten.

Wenn man in den Schriften eines Montaigne, eines Gracián blättert, weht kühles Diesseits, vorphilosophisches Jenseits herüber: diese Leute konnten in Gedanken bleiben, mussten nicht Ideen bilden …

Die Gründe des reinen Herzens können niemals so tief sein wie die Abgründe der reinen Vernunft, daher die Plattheit aller *Pascaliens*.

Das Glück, nach Voltaire: »Unbekannt leben und sterben.« Das Glück des Intellektuellen, müsste man hinzusetzen.

Aufklärung? Im täuschungsarmen Alter entzückt jeder gelungene Selbstbetrug, denn man gibt sich nicht mehr die Zeit, über ihn aufgeklärt zu werden.

Vernunftkritik: Selbstbewusste Bescheidenheit oder bescheidenes Selbstbewusstsein?

Was einen für die Gedankenführung von *Methode* und *Kritik* jahrelang einnehmen kann, das ist, dass ihren Erfindern die Angst ins Gesicht geschrieben steht. Wer ›Erfahrung überhaupt‹ deduzieren will, der nimmt sie wirklich ernst. Erfahrung ernstnehmen heißt sie fürchten; die Furcht auf dem Gesicht tragen heißt ohne Ansehen der Person philosophieren.

Manche Geister sind von derartig steriler Reinheit, dass sie angesichts ihrer hernach bekanntgewordenen Laster nicht verdorben, sondern höchstens lächerlich wirken. Kant? Kant!

Als Nebenbuhler des Verführers arbeitet der Aufklärer ohne jede Zweideutigkeit. Er bezwingt die Frau durch eine Vorlesung über ihre Rechte und ihre Bedürfnisse.

Man sollte Kant nicht einen Schulmeister nennen – eher ein Schulmeisterlein, eine Fügung aus Arme-Leute-Ehrlichkeit und Rokoko.

Wo der Mensch etwas aus sich machen soll, da erscheint er als *von Natur* zu groß. Waren Kant, Marx, Sartre nicht Schüler Rousseaus?

Im Transzendentalismus mischen sich Anmaßung und Anstand auf seltsame Weise: letzterer könnte darin bestehen, sich gewisse Dinge und Menschen einfach nicht vorstellen zu wollen. Die Kokotte, verlassen von allen Blicken.

Kant – der Philosoph, dessen Rat kein König bedurfte.

Die eigene Dummheit aufgeben, nicht mehr fremden Gedanken folgen, eigene Gedanken hegen … Erst eigenes Denken kann gebieten, einer fremden Dummheit zu folgen.

Der Aufklärer hält Täuschung für eine Tat und Enttäuschung für eine Tätigkeit.

Das Ende einer Aufklärung macht nicht traurig. Es macht auch nicht aufgeklärter.

Der Berufsphilosoph entsteht zwischen Kant und Hegel – zwischen zwei Denkern, bei denen sich kein Hinweis findet, wie eine intellektuelle Existenz zu führen sei (wie etwa noch bei Pascal und Descartes, Hume und Jacobi).

Jeder Erforscher der *Subjektivität*, dessen Lächeln dabei unversehrt blieb, flößt uns tiefes Misstrauen ein.

Damit man nicht gewissen spekulativen Irrtümern über das Menschenwesen verfalle, empfehlen Kant und seine Verwandten, zu *wollen*, zu *glauben*, zu *handeln* usw. – also zu irren und das Menschenwesen zu verwirklichen.

Welcher professionelle Kant-Interpret hielte sich in irgendeinem Seelenwinkel nicht für ein höheres Wesen als Kant, weil er Kant und Hegel überlebte und miteinander vergleichen kann?

Vernunftkritik überzeugt wie das Verhängnis selbst.

Der Kantianer, der Nietzsche gelesen hat: ›Man muss etwas aus sich machen, man muss noch mehr aus dem machen, was man schon ist‹ … man muss ein Gewese über sich hinaus machen!

Unbegreifliches Faselnkönnen von ›Tat‹, von ›Handlung‹, ohne dabei an die eine und letzte denken zu müssen!

»Der Kaiser, diese Weltseele zu Pferde …« Mit Hegel ist der Journalismus in die Metaphysik eingedrungen.

Idealistisch nennt man jene Literatur, in der ein lesbarer Stil unweigerlich zum Ruf der Scharlatanerie führt.

Was wäre das zwanzigjährige Schweigen Schellings gegen ein zwanzigjähriges Schweigen der Schellingforschung …

Unsere Entfernung zu Goethe, der sich nicht selbst erkennen wollte, ist nicht geringer als die zu Sokrates, aber sie gereicht uns zu größerer Beschämung.

Romantik führt zu Koketterie des Geistes oder Biederkeit des Daseins.

Es steht mit unserer Heimattreue nicht zum besten: Wir sind gottlos aufgewachsen und fühlen uns doch nirgends stärker zu Hause als in den Verzweiflungen Pascals oder Kierkegaards.

Kierkegaard: ein Pascal, der es Platon nachtun möchte.

Man kann das Rasen der Junghegelianer gegen alles Ewigwährende nicht ohne Herzklopfen lesen – dieses Rasen gegen die Möglichkeit, jemals Professor zu werden.

Sie sitzen im Exil und beschimpfen die Daheimgebliebenen, sie wohnen in Dachgeschossen und schmähen die Untermieter: An den Dioskuren des 19. Jahrhunderts imponiert, wie sie im Zeichen der Galle zusammenfanden. Nicht zu vornehm, seiten-, bogen-, almanachweise den bösen Saft zu verspritzen. Es muss ihres Geistes Reichtum sein, der die giftige Fülle überfließen lässt, so wie Ärmere nicht geniert sein dürfen, durch Gift zu etwas Geist zu kommen.

Die erste Auflage erscheint 1882: *Sache, Leben und Feinde: als Hauptwerk und Schlüssel zu seinen sämmtlichen Schriften, mit seinem Bildniss*, die *zweite, ergänzte und vermehrte Auflage* 1903; vermehrt derweil auch die Schriften und Feinde.
S. 343: »Ueber den Gehalt an bahnbrechenden Wahrheiten, der meinen gedrängten Schriften einverleibt ist, wird Niemand in Zweifel bleiben, der sie kennt und das, was sie darbieten, mit dem zu vergleichen vermag, was vor ihnen dargeboten wurde. Sie enthalten wesentliche Fortschritte auch für die speciellsten und positivsten Wissenschaften.« S. 345: »Eine Aufzählung meiner eignen Leistungen auf dem Felde der besondern Wissenschaften, obwohl eine Pflicht gegen das Publicum, welches sich zu orientiren wünscht, wäre, soweit es die Entdeckungen und Erfindungen betrifft, eigentlich die Pflicht Anderer.«
Mehr als der Wahnsinn Nietzsches imponiert der Wahnsinn Dührings, denn er versagt sich den Ausweg in die Vermessenheit. Eugen entdeckt Gesetze und schafft Tatsachen, er will sich messen lassen, er erschafft die Gelehrten-Raserei des geistigen Eigentums, die geradewegs in die Berufsphilosophie führt.

Dühring empfiehlt, das Vorlesen zwecks Mitschreiben, später sogar vorlesende Professoren und mitschreibende Studenten überhaupt, entbehrlich zu machen durch eine Verbindung von Phonograph und Telephon in einem ›Centralkasten‹ (*Sache, Leben und Feinde*, S. 67). Wehrlos gegen die Stimmen ... sich blind lesen ... ihnen ausgeliefert sein bis zum Ende.

Souverän über Nietzsche schreibt, wer sich nicht anmerken lässt, dass er ihn gelesen hat.

Komplexität nicht ertragen können, Nietzschebücher schreiben müssen.

Unschuldigeres als ein Philosophenleben? Ein Nietzschekommentar!

Kant hat Hegel ermöglicht und Nietzsche die Nietzscheliteratur. Wer wollte hier fortfahren?

›Nietzsche‹ – einer jener ewig frischen Kadaver, von denen sich ganze Käferarmeen nähren. Im fliegenden Wechsel der Generationen kann man jene Frische eigentlich nur vermuten, doch im dichten Gekrabbel bietet auch ein toter Nietzsche das Bild kollektiver Bewegtheit.

Nietzsche – stets der Liebling entweder derer, die er hasste oder derer, die er verachtete, der besonders unsauberen oder der besonders harmlosen Geister.

Nietzsche – ein pinselechter Klecks unserer Geistesgeschichte; er färbt nicht ab. Das zeigt der Stil derer, die ›mit‹ ihm sprechen, die ›über‹ ihn arbeiten.

1889: Ein Denker beginnt zu stammeln, und schon ist auch sein Eulenspiegel geboren – der alles wörtlich nehmen wird.

Die platteste Form des Nietzscheanismus entsteht bei dem Versuch, die Leidenschaften des souveränen Bürgers zu artikulieren.

Man wütet nur dann gegen Gottvater und andere Erwachsene, wenn man sich als Muttis Liebling weiß. Nietzsche? Nietzsche!

Er hatte weder das Glück, in einer Ehe zu verdämmern, noch den Mumm, sich eine Kugel durch den Kopf zu schießen. So blieb es dabei, dass er seine *Gesammelten Werke* abfassen und 12.000 Doktoranden mit Primärtext versorgen musste.

Der Verfasser des *Zarathustra* zeigt uns den deutschen Professor, der sich selbst verwirklichen durfte.

Nietzscheanismus ist der Wahn, es könnte so etwas wie einen siegreichen Intellektuellen geben.

Jener Heftige hat seinen Text mit so vielen Unterstreichungen versehen, dass man versucht ist, den nicht unterstrichenen Rest für sein Eigentliches, weil Selbstverständliches zu nehmen.

Nietzsche ist Rausch-, nicht Nährmittel. Desto verwahrloster oder philiströser mutet die Kultur an, die ihn zum geistigen Grundnahrungsmittel erhebt – zur Basis von Denkbewegung. Eine Art philiströser Verwahrlosung, wenn es so etwas geben kann.

Am meisten kompromittieren sich Nietzscheaner durch den Wunsch, miteinander in Austausch zu treten. Man stelle sich eine Herde höherer Menschen vor, die über die Masse der Normalsterblichen kollektiv die Rüssel rümpft!

Metaphysische Probleme verenden oft wie Massenmörder: bei einem Schläfchen zur Mittagszeit.

Gewöhnlich ist es kaum zu ertragen, wenn man jemanden vom ›gelungenen Leben‹ schwadronieren hört und dabei noch in die zugehörige Visage sehen muss. Anders liegt die Sache bei jenem kopfleidenden Muttersohn, der sich bei guter Gesundheit auf eine Professur bewarb, bei klarem Verstande darin erkrankte und zu seiner hellsten Freude lebenslänglichen Urlaub erhielt. Wie sollte man da nicht ins Schwärmen, ins Philosophieren geraten?

Die metaphysische Überlegenheit der katholischen Theologie wie der kommunistischen Ideologie gegenüber der bürgerlichen Anthropologie ergab sich daraus, dass die ersteren beiden etwas Nicht-Sichtbares rechtfertigen mussten.

Man kann von Oswald Spenglers Ideen halten, was man will, aber von seinem Ingenium, das heißt seiner Unglücksbefähigung, überzeugt die Ohnmacht, die den Referendar beim Anblick seiner künftigen Lehranstalt befiel.

»Denn Metaphysik ... sollte heute nur von solchen getrieben werden, die eines ganz primitiven Denkens und Fühlens fähig sind. Dazu gehört Umgang mit Kindern, Hunden, Katzen, und nicht mit jüngeren Leuten ...« (Spengler an Hermann Graf Keyserling, 30. Dezember 1929)

Als Walter B. auf eine akademische Karriere nicht mehr hoffen durfte, war die seiner Interpreten gesichert.

Ob einem die Frankfurter Melancholie zuträglich sei oder nicht, hängt ganz davon ab, wie wohl man sich außerhalb ihrer Institute befinde. Wer gegen den philosophierenden Großbürger eifert, dessen soziale Gesundheit scheint ihrerseits zweifelhaft.

Eine Traurigkeit, die zur Theorie verhilft, ist eine beschmutzte Traurigkeit.

Sobald sich einmal ein monologischer Geist ihrer bedient hat, wird man die Dialektik nie wieder als ein Gespräch begreifen können, an dem sich teilzunehmen lohnte.

Seine Regression ist eigentlich sympathisch. Doch ist er ein Kind mit Winkelzügen. Ein Kind, das der Welt ihr Glücksdefizit nachrechnet, mit allen dialektischen Künsten einer Greisenzeit.

Hannah Arendts Jubelbrief, dass man geliebt und zugleich geistig frei sein könne: Wieviel Verachtung Heinrich Blüchers ist darin – und wieviel Selbstverachtung.

Castor und Pollux – das Bourgeois-Bündnis in seiner Radikalform: Alle Leidenschaft getötet für die Sicherheit und das Abenteuer, den *contrat* und das *œuvre*.

Was an den meisten Existentialisten, die man kennenlernt, bald abstößt, das ist ihr Ehrgeiz, aus der Existenz etwas zu machen: Bücher darüber zu schreiben, mit dem Existieren berühmt zu werden usw.

›Alltagsphilosophie‹ ... erinnert irgendwie an ›Arbeitsliteratur‹.

Die professionellen Utopiekritiker erinnern an schmollende Kinder, die man auf der Reise nach Nirgendwo daheim gelassen hat.

Der Respekt, den die toten Denker verdienen, ist der Respekt, den das Vergangene verdient – den verdient, was nicht zu verwerten ist.

Blödsinn des Ursprungs

Irgendwann ist es auch der eifrigste Archaiker müde, an den Verständigkeiten der Philosophen zu kratzen, bloß um wieder etwas vom ursprünglichen Blödsinn funkeln zu sehen.

Alles Denken, das nicht der Machtlosigkeit entspringt, ist Gedankenlosigkeit bzw. die Macht selbst.

Ursprünge: Was man verraten konnte, ist vielleicht nicht wert, dass man es errät.

Die Frage nach der ersten Ursache führt auf den Ursprung aller Vulgarität.

Pflichten der Exaltation

Die Mühe, zwei, drei Minuten auf der Höhe seines Arguments zu sein, einzuschlagen, durchzudringen, rechtzubehalten, erzeugt jene Verspannung, die Jahre währt und die zu lösen Masseusen-Lebenswerk wäre.

Eine ehrliche Geistesbiographie wäre ein Inventar nicht so sehr von Interessen als von Indifferenzen.

Die Naivität ist nur als Leidenschaft gerechtfertigt und die Leidenschaftslosigkeit nur als Intelligenz.

Gut möglich, dass der Fanatismus die Idee wechselt, in deren Namen er wütet, unvorstellbar jedoch, dass man einer Idee mal fanatisch, mal gemäßigt anhängen könne.

Der Lauf des Lebens ist dem der Philosophie entgegen: nichts verlernt man schneller als das Staunen. Das Staunen der Philosophen erregt Aufsehen unter den Lebenden.

Einige Biographien werden durch eine Idee, andere durch einen Affekt zusammengehalten. Die einen rühren durch ihre Lächerlichkeit, die anderen durch ihre Erbärmlichkeit.

Dummheit und Einfalt sind nicht dasselbe – sonst wäre die weltbeherrschende Stellung ersterer unbegreiflich. Die meisten Dummköpfe wissen, dass sie es sind, und machen geschickten Gebrauch von ihrem Wissen. Ihre Dummheit nennen sie Begeisterung.

Manchen Leuten fällt nichts leichter, als jeden Tag oder doch jeden Werktag oder doch wenigstens jeden Dienstag bis Donnerstag an metaphysischen Problemen zu leiden.

Keine Unruhe ist unter Philosophen seltener als metaphysische Unruhe.

Aspekte des Schaumschlags

Man findet einen gewissen Namen in der Zeitung und findet: da gehört er auch hin.

Der berühmte Mann, der seinen Ruhm zuletzt nicht selbst demontiert, wird gewöhnlich durch dringende Geschäfte davon abgehalten.

Nichts gegen das ›gelingende Leben‹! Aber alles gegen die Weisheit, die sich drauf setzt!

Der Blitzgescheite, der nicht einschlägt, endet als Blender.

Manche Koryphäe geriet in Misskredit nur wegen der Unvoreingenommenheit, womit sie dem einen oder anderen Scharlatan begegnete.

Was einen Propheten zum Nachdenken bringt, ist nicht ein erstes Anzeichen dafür, dass er geirrt habe, sondern das Auftreten eines zweiten Propheten.

Ein Schaumschläger von so hohen Graden, ein Scharlatan von solchem Seinsmangel, dass man nur noch seufzen kann: ›ein Phänomen‹ ...

Phrenologie

Die leersten Köpfe sind oft die gastfreundlichsten.

Je mehr Vorurteile jemand hat, desto leichter kann er eines entbehren.

Unvorstellbar ein Dummkopf, dem es an Produktivität mangelte.

Der Dummkopf ist ein Körper mit dem Gehabe eines Geistes.

Begeisterung kleidet Dummheit am besten: sie verschönt und verbirgt diese.

Wahrheit kommt, Dummheit drängt ans Licht.

Unfruchtbarkeit ist unter Einfältigen so selten, dass man versucht ist, sie für Unlust zu halten.

Am liebsten spottet der Dummkopf von heute über die Dummheit von gestern.

Ein leerer Blick ergreift alle Welt.

Die Einfalt liegt weniger in dem, was jedermann denkt, als in dem, was jedermann hofft.

Alles, was wir schon wissen, sagt der Dummkopf mit Nachdruck und Denkpausen. Wir können nur noch Beifall klatschen und uns abwenden.

Dann aber verlangt der Dummkopf für seine Kühnheit obendrein Bewunderung.

Der Dummkopf ahmt die Gesten der Macht (der Kompetenz, der Autorität) nach: er ist ganz offen, räumt durchaus ein, möchte aber beachtet wissen, darf schließlich daran erinnern. Er hat aufs glücklichste die Vergangenheit der Macht vergessen, die Intelligenz und Unnachsichtigkeit war und unnachsichtig eine Gegenwart erstrebte, die von Intelligenz entlastet wäre. Macht haben heißt: dumm sein dürfen.

Man mag über den Dummkopf spotten wie man will, er beunruhigt einen dennoch. In seiner Ungerührtheit, dem gravitätischen Getue, womit er seine Worte und Drucksachen in die Welt schickt, liegt etwas wie Weigerung, mitzutun im Einverständnis der wissenden Heuchler. Der Dummkopf blinzelt nicht zurück, er ist von blickdichtem Zynismus. Das rettet ihn und überzeugt uns.

*

Authentische Dummheit will gesehen werden. Darum macht ihr Anblick die Intelligenz so hilflos wie fremde Entblößung den Bekleideten.

Der Glaube, Dummheit sei eine Sache mangelnder Intelligenz, ist der erste und endgültige Schritt in die Dummheit.

Der Dummkopf verachtet die Intelligenz, die er nachahmt; ohnehin weiß er mehr als diese: Die Intelligenz spricht von den Dingen, der Dummkopf schreibt über die Intelligenz.

Obwohl stets vollendet, kann Dummheit sich entwickeln: sie wird dann gefährlich.

Macht schmeckt nach gar nichts, wie Dummheit. Erst intelligente Ohnmacht kommt der Macht auf den Geschmack … den Geschmack der Demütigung. Eine Intelligenz, die sich noch von keiner Macht gedemütigt fand, gleicht der Dummheit selbst, sie denkt auch so: nur an sich selbst.

Intelligenz, die den Dummkopf drückt, wirft er ab und tritt er flach; sie trägt ihn dann.

Es gehört eine gewisse Intelligenz in der Dummheit dazu, den Geist zu verraten.

Unter Intelligenten ist Intelligenz kein Zufall. Doch unter Dummköpfen wird Intelligenz zum Schicksal.

Intelligenz erlebt ihre letzte Stunde in der Alternative, einer übermächtigen Dummheit vergeblich zu widerstehen oder sie unaufgefordert zu vertreten. Der Dummkopf kennt nicht solche Alternativen, er kennt nur Vertretbares.

*

Der Einfältige langweilt sich nie bei dem, was er sagt. Das ist Teil seines Erfolgs.

Er spürte selbst, dass von seiner Stimme eine tiefe Langeweile ausging; so kam er dazu, sich für seriös zu halten.

Wenn die Dummheit nicht positiv, das heißt produktiv sein kann, dann wird sie repräsentativ: ›mit Gott‹, ›mit Kant‹, ›mit Nietzsche‹ sprechend.

»Wie man im Anschluss an Descartes immer noch glaubt …« hob er an und blickte forschend in die Runde.

Das Lob des Dummkopfs hat die Macht, alles zu beflecken. Einen Platon etwa findet er ›exorbitant‹.

Wahrhaftig, er philosophierte ›mit Kant‹ – er glaubte, dass Denker etwas seien, das in Flaschen zu füllen wäre … Voll ›von Kant‹ fühlte er sich.

*

Weniges empört den Dummkopf mehr, als wenn er nicht der einzige sein darf.

Wo der Stumpfsinn verschwenderisch sein muss, ist Mäßigung fast schon Intelligenz.

»Der Geist weht, wo er weht.« (Valéry) »Die Dummheit lag schwer in der Luft.« (Céline)

Die intellektuelle Tragödie ist nicht die siegreiche Dummheit, sondern die besiegte, die sich sogleich nützlich machen will.

Wie ihr Urbild und Lebensquell, die Macht, geht auch die Dummheit stets aufs Ganze, sie muss nicht kennen, was sie überschaut.

Der religiös Ambitionierte hofft, dass die Gottheit, vor die er sich gestellt hat, mit Spott besprüht werde seinetwegen. Dann darf er seine sublimen Apologien verfassen …

Der Dummkopf hält sich frei von Gedanken, er hält sich an Überzeugungen. Als Philosoph wird er zum guten Gewissen seiner Epoche: er dringt darauf, sich nicht zu viele Gedanken zu machen (Inventar des Unbedenklichen), vielmehr Überzeugungen zu haben (Schutzwehr gegen Unvermeidliches). Ihm sind Überzeugungen das Erste, das Zweite sind andere Überzeugungen.

Die Dummheit auf Erden hätte sich schnell erschöpft, wenn es davon mehrere Arten gäbe – wie von der Intelligenz. Die Dummheit bleibt fest beieinander.

Allein dem Dummkopf ist es vergönnt, auf eine philosophische Idee stolz zu sein – auf etwas, das weder zum Luxus noch zum Gebrauch taugt.

Keiner weiß, ob er sich für einen Philosophen hält, man kennt ihn nur als Feuilletonisten. Das will nichts Negatives besagen: es gibt gutes und schlechtes Feuilleton. Gutes Feuilleton schreibt er zwar nicht. Aber muss man ein Philosoph sein, um gutes Feuilleton zu schreiben?

Ernstnehmen kann man nur einen Denker, der keine Angst vor der Lächerlichkeit hat. Der Dumme denkt aus Angst vor der Lächerlichkeit, er denkt … er verstummt und – Wunder über Wunder! – man kann ihn ernstnehmen.

*

Welche Apologie des Dummkopfs entzückt am meisten? Die von seinen Schülern vorgebracht wird in Festschriften und Leserbriefen: der Dummkopf kümmere sich doch um die Jugend, der Dummkopf wenigstens denke an die Zukunft.

Der philosophische Menschheitsbeglücker versteht nicht, wie man Mensch sein kann, ohne Philosoph zu sein oder doch wenigstens Selbstdenker.

Die Einfalt sieht überall Harmonie, beispielsweise zwischen der Zahl der Probleme und der Zahl der Lösungen.

Man muss selbst denken, spricht der Dummkopf. So wie ich.

Man muss eigene Gedanken haben, spricht der Dummkopf. Solche wie meine.

Schon die ersten zehn Bücher des Dummkopfs belegen, dass ihm beim Selbstdenken ganz feierlich zumute ward.

Ein Philosoph vor Fachgelehrten, ein Philosoph wie ein Marinesoldat: Er dringt in fremdes Gebiet, wird dort beschossen und ist gekränkt.

Der philosophierende Dummkopf ist Historiker, wie seine Kollegen. Aber weil er den Dialekt nur *eines* toten Philosophen nachäfft, darf er sich für einen *Systematiker* halten.

*

Der Ärger über den selbstbewussten Dummkopf würde nicht lange dauern, wenn man ihn nicht heimlich bewundern müsste.

Der Dummkopf hält Intelligenz für etwas, das Bewunderung erregt.

Wenn neben uns ein Schwachkopf auf die Knie sinkt vor demselben Altar, müssen wir uns entscheiden, ob wir unsere Anbetung beenden oder die Gottheit wechseln wollen.

Wo Urteilsvermögen gefragt wäre, da beweist der Dummkopf Entscheidungskraft.

Selbstverständlich haben die Hohlköpfe ein Recht auf Gleichbehandlung mit den Intelligenten, wie sie ja auch ein Recht auf Intelligenz haben – wie es auf alles ein Recht gibt, was einem fehlt.

Die gefühllosen Seelen, die beim Denken sentimental werden …

Den einzigen Schutz gegen die Nachstellungen des Dummkopfs gewährt dessen Einbildung, dass ihm nichts fehle.

Jeder Dumme findet den Dümmeren, der ihm widerspricht.

Die Umgehung des Philosophierens

Philosophia, ars moriendi … Sterben lernen, die Verwesung beschleunigen – wie lächerlich, wie anmaßend ist das! Bleib in der Nähe eines Philosophen, nachdem er seinen Text aufgesagt hat, und warte, was mit ihm geschieht …

All diese müden, bewegungslosen Augen, dahinter die toten Seelen, bewegt von etwas, das nicht sehen kann …

Ich bin kein Philosoph: Ich muss nicht zu allem eine Meinung haben. Aber freigekommen von den Philosophen bin ich erst, als ich das nicht mehr begründen konnte.

Um als Philosoph zu bestehen, muss man Antworten und Fragen vorrätig haben: jene fürs Publikum, diese an die Kollegen. Ich habe weder Fragen noch Antworten.

Meine einzige Erinnerung an Studenten der Philosophie: ihre verstörten Gesichter, als ich es einmal gewagt hatte, eine Minute zu schweigen.

Die Überzeugung, nichts zu bedürfen, kann auf intellektuellem Gebiet zu einer Raserei gegen alle jene führen, die mit der Miene von Schenkenden nahen.

Aus Langeweile kommt man zum Fachmann, aus Überdruss geht man vom Fachmann.

Wer das Denken *erlernen* will, der wird in der Nähe eines Philosophen zunächst so tun müssen, als glaube er nicht, was er schon allzu gut versteht.

Wenn man sich nicht länger erträgt, weil man selber einst philosophiert hat, dann sollte man sich sagen, dass man einst ertragen wurde von welchen, die nicht glauben wollten, dass man philosophiere.

Man kann sich vom Philosophieren befreien wie vom Rauchen: Man kann eine Trauer in sich finden, die nicht mehr zu besiegen ist durch eine Zigarette oder einen Syllogismus.

Wenn man an die Philosophie nicht länger glauben kann, beispielsweise, weil man Philosophen kennenlernen durfte, dann hätte man jedes Recht zum Zynismus einer Karriere, vor allem einer philosophischen. Und dennoch –

Berlin und Wewelsfleth 2001–2013

CD-Edition

Alle Bücher von »edition fatal« sind auch als PDF-Dateien auf CD erhältlich. Damit wird es für Sie möglich:

- im Volltext nach Namen und Begriffen zu suchen,
- eigene Anmerkungen zum Text hinzuzufügen,
- Text zu kopieren und beispielsweise (als Zitat) in Ihre Textverarbeitung zu übernehmen,
- beliebige Seiten im DIN A4-Format auszudrucken.

Auch dieser Band ist als Buch-CD erhältlich. Als Besitzer des gedruckten Buches können Sie die CD zum halben Preis beziehen! Füllen Sie dazu einfach das Formular auf der Rückseite aus und senden Sie es an »edition fatal«.

Online-Bibliothek

Darüber hinaus können alle bei uns veröffentlichten Bände auch »online« über unsere Online-Bibliothek – kostenlos! – abgerufen und gelesen werden. Und auch hier ist eine Volltextsuche möglich. Allerdings können Sie, anders als bei den Buch-CDs, keine Anmerkungen zum Text hinzufügen, Zitate übernehmen oder Seiten ausdrucken.

>> www.edition-fatal.de

Bestellung

An:
»edition fatal« Verlagsgesellschaft
Beilhack & Jain GbR
Implerstraße 50
81371 München

Name: ....

Vorname: ....

Strasse: ....

....

PLZ und Ort: ....

Hiermit bestelle ich folgenden Titel als Buch-CD im PDF-Format (erfordert Adobe Acrobat-Reader sowie HTML-Browser) zum Vorzugspreis für Buchbesitzer:

Jürgen Große: ***Philosophendämmerung***

Preis: 50% des empfohlenen Ladenpreises (derzeit also 50% von 15 Euro), zuzüglich Versandkosten.

Datum:

Unterschrift: ....

Jürgen Große:

Phänomenologie des Unglücks – Aus dem Nachlaß eines Vormieters

Die Großstädte der Gegenwart sind nicht nur Gräber der Lebendigen, sondern auch Brutstätten eines eigentümlichen Lebens, des selbst-gewollten und selbstgestalteten Lebens im Unglück. Die Neuzeit mit ihren prahlerischen Glücksversprechen hat das Unglück ins Private getrieben, nur selten erfährt man von seinem phänomenologischen Reichtum. Ein glücklicher Zufall läßt hin und wieder den Sargdeckel verrutschen. Zeugnisse elaborierten Trübsinns treten dann ans Licht, sei es auch nur dank der Vergeßlichkeit eines verzogenen Vormieters …

»Man sucht das Unglück, damit es einem nicht begegnet.«

»Kein Glück ist so groß, daß es nicht größer wäre, darauf zu verzichten.«

»Mir graut vor dem viehischen Ernst, mit dem man hierzulande für sein Glück stöhnt und keucht.«

>> online lesen/Infos unter: www.edition-fatal.de

Daten zum Buch:

Originalausgabe, München 2007, 240 Seiten

Buch:
ISBN 978-3-935147-18-7

CD:
ISBN 978-3-935147-19-4

Empfohlener Verkaufspreis:
21,00 Euro

Jürgen Große: Aus Volk und Familie

Dieses Buch kann man nur mißverstehen. Denn Volk und Familie sind keine Begriffe, die sich mit Verständnis zufriedengeben können. Sie müssen herrschen, wenn man durch sie begreifen und bestehen will. Doch wer will Volk sein, wer Familie haben und sonst nichts? Der Zerfall der Völker und Familien erweckt aber Mitgefühl und schließlich Dankbarkeit: an ihren Resten läßt sich zeigen, was man an sich selbst nicht sehen möchte, in ihre Häute läßt sich füllen, was man in sich selbst nicht ertragen würde.

Aus Volk und Familie hinweg und zurück führen die 77 Kapitel dieses Buchs, darunter: Mein Volk; Zu fremden Völkern; Barbarische Völker; Erwählte Völker; Nachkriegsvölker; Gekränkte Völker; Aufgehende Völker; Sterbende Völker; Volksfeste; Völkerwanderung; Tränen der Völker; In Gesellschaft; Aus Familien; Eine Frau, eine richtige; Volkskrankheiten; Familienrecht; Ein Volk von Verbrechern.

>> online lesen/Infos unter: www.edition-fatal.de/isbn3935147120.html

Daten zum Buch:

Originalausgabe, München 2002

172 Seiten

Buch:
ISBN 978-3-935147-12-5

Buch-CD:
ISBN 978-3-935147-13-2

Empfohlener Verkaufspreis:
15,00 Euro